はじめに

技能検定は、労働者の有する技能を一定の基準によっ
証する国家検定制度であり、技能に対する社会一般の評価を高め、働く人々の技能と地位の向上を図ることを目的として、職業能力開発促進法に基づいて1959年（昭和34年）から実施されています。

当研究会では、1975年（昭和50年）から技能検定試験受検者の学習に資するため、過去に出題された学科試験問題（１・２級）に解説を付して、「学科試験問題解説集」を発行しております。

このたびさらに、平成30・令和元・２年度に出題された学科試験問題、ならびに令和２年度の実技試験問題を「技能検定試験問題集（正解表付き）」として発行することになりました。

本問題集が１級・２級の技能士を目指して技能検定試験を受検される多くの方々にご利用いただき、大きな成果が上がることを祈念いたします。

令和３年８月

一般社団法人 雇用問題研究会

目　次

技 能 検 定 の 概 要

1　技能検定試験の等級区分

技能検定試験は合格に必要な技能の程度を等級ごとに次のとおりに区分しています。

特　　級：検定職種ごとの管理者又は監督者が通常有すべき技能及びこれに関する知識の程度

1　　級：検定職種ごとの上級の技能労働者が通常有すべき技能及びこれに関する知識の程度

2　　級：検定職種ごとの中級の技能労働者が通常有すべき技能及びこれに関する知識の程度

3　　級：検定職種ごとの初級の技能労働者が通常有すべき技能及びこれに関する知識の程度

単一等級：検定職種ごとの上級の技能労働者が通常有すべき技能及びこれに関する知識の程度

※これらの他に外国人実習生等を対象とした基礎級があります。

2　検定試験の基準

技能検定は、実技試験及び学科試験によって行われています。

実技試験は、実際に作業などを行わせて、その技量の程度を検定する試験であり、学科試験は、技能の裏付けとなる知識について行う試験です。

実技試験及び学科試験は、検定職種の等級ごとに、それぞれの試験科目及びその範囲が職業能力開発促進法施行規則により、また、その具体的な細目が厚生労働省職業能力開発局長通達により定められています。

(1)　実技試験

実技試験は、実際に作業（物の製作、組立て、調整など）を行わせて試験する、製作等作業試験が中心となっており、検定職種の大部分のものについては、その課題が試験日に先立って公表されています。

試験時間は、1級、2級及び単一等級については原則として5時間以内、3級については3時間以内が標準となっています。

また、検定職種によっては、製作等作業試験の他、実際的な能力を試験するため、次のような判断等試験又は計画立案等作業試験が併用されることがあります。

① 判断等試験

判断等試験は、製作等作業試験のみでは技能評価が困難な場合又は検定職種の性格や試験実施技術等の事情により製作等作業試験の実施が困難な場合に用いられるもので、例えば技能者として体得していなければならない基本的な技能について、原材料、模型、写真などを受検者に提示し、判別、判断などを行わせ、その技能を評価する試験です。

② 計画立案等作業試験

製作等作業試験、判断等試験の一方又は双方でも技能評価が不足する場合に用いられるもので、現場における実際的、応用的な課題を、表、グラフ、文章などにより設問したものを受検者に提示し、計算、計画立案、予測などを行わせることにより技能の程度を評価する試験です。

(2) 学科試験

学科試験は、単に学問的な知識を試験するものではなく、作業の遂行に必要な正しい判断力及び知識の有無を判定することに主眼がおかれています。また、それぞれの等級における試験の概要は次表のとおりです。

この中で、真偽法は一つの問題文の正誤を回答する形式であり、五肢択一法及び四肢択一法は一つの問題文について複数の選択肢の中から一つを選択して回答する形式です。

■学科試験の概要

等級区分	試験の形式	問題数	試験時間
特　級	五肢択一法	50題	2時間
1　級	真偽法及び四肢択一法	50題	1時間40分
2　級	真偽法及び四肢択一法	50題	1時間40分
3　級	真偽法	30題	1時間
単一等級	真偽法及び四肢択一法	50題	1時間40分

3　技能検定の受検資格

技能検定を受検するには、原則として検定職種に関する実務の経験が必要で、その年数は職業訓練歴、学歴等により異なっています（別表1参照）。

この実務の経験の範囲には、現場での作業のみならず管理、監督、訓練、教育及び研究の業務や訓練又は教育を受けた期間が含まれます。

4　試験の実施日程

技能検定試験は職種ごとに前期、後期に分かれていますが、日程の概要は次のとおりです。

項	前　期	後　期
受付期間	4月上旬～中旬	10月上旬～中旬
実技試験	6月上旬～9月上旬	12月上旬～翌年2月中旬
学科試験	8月下旬～9月上旬の日曜日 3級は7月中旬～下旬の日曜日	翌年1月下旬～2月上旬の日曜日
合格発表	10月上旬、3級は8月下旬	翌年3月中旬

※日程の詳細については都道府県職業能力開発協会（連絡先等は別表2参照）にお問い合わせ下さい。

5　技能検定の実施体制

技能検定は厚生労働大臣が定めた、実施計画に基づいて行うものですが、その実施業務は、厚生労働大臣、都道府県知事、中央職業能力開発協会、都道府県職業能力開発協会等の間で分担されており、受検の受付及び試験の実施については、都道府県職業能力開発協会が行っています。

6　技能検定試験受検手数料

技能検定試験の受検手数料は「実技試験：18,200円」及び「学科試験：3,100円」を標準額として、職種ごとに各都道府県で決定しています（令和3年4月1日現在、都道府県知事が実施する111職種）。

なお、35歳未満の方は、2級又は3級の実技試験の受検手数料が最大9,000円減額されます。詳しくは都道府県職業能力開発協会にお問い合わせ下さい。

7　技能検定の合格者

技能検定の合格者には、厚生労働大臣名（特級、1級、単一等級）又は都道府県知事名等（2級、3級）の合格証明が交付され、技能士と称することができます。

別表1

技能検定の受検に必要な実務経験年数一覧

（都道府県知事が実施する検定職種）

（単位：年）

<table>
<tr><th colspan="2" rowspan="2">受 検 対 象 者
（※1）</th><th>特級</th><th colspan="3">1　級</th><th colspan="2">2　級</th><th rowspan="2">3
級
（※7）</th><th rowspan="2">基
礎
級
（※7）</th><th rowspan="2">単
一
等
級</th></tr>
<tr><th>1　級
合格後</th><th></th><th>2　級
合格後</th><th>3　級
合格後</th><th></th><th>3　級
合格後</th></tr>
<tr><td colspan="2">実務経験のみ</td><td rowspan="15">5</td><td>7</td><td rowspan="10">2</td><td rowspan="10">4</td><td>2</td><td rowspan="13">0</td><td>0 ※8</td><td>0 ※8</td><td>3</td></tr>
<tr><td colspan="2">専門高校卒業　※2
専修学校（大学入学資格付与課程に限る）卒業</td><td>6</td><td>0</td><td>0</td><td>0</td><td>1</td></tr>
<tr><td colspan="2">短大・高専・高校専攻科卒業　※2
専門職大学前期課程修了
専修学校（大学編入資格付与課程に限る）卒業</td><td>5</td><td>0</td><td>0</td><td>0</td><td>0</td></tr>
<tr><td colspan="2">大学卒業（専門職大学前期課程修了者を除く）　※2
専修学校（大学院入学資格付与課程に限る）卒業</td><td>4</td><td>0</td><td>0</td><td>0</td><td>0</td></tr>
<tr><td rowspan="3">専修学校　※3
又は各種学校卒業
（厚生労働大臣が指定したものに限る。）</td><td>800 時間以上</td><td>6</td><td>0</td><td>0 ※9</td><td>0 ※9</td><td>1</td></tr>
<tr><td>1600 時間以上</td><td>5</td><td>0</td><td>0 ※9</td><td>0 ※9</td><td>1</td></tr>
<tr><td>3200 時間以上</td><td>4</td><td>0</td><td>0 ※9</td><td>0 ※9</td><td>0</td></tr>
<tr><td>短期課程の普通職業訓練修了 ※4 ※10</td><td>700 時間以上</td><td>6</td><td>0</td><td>0 ※6</td><td>0 ※6</td><td>1</td></tr>
<tr><td rowspan="2">普通課程の普通職業訓練修了 ※4 ※10</td><td>2800 時間未満</td><td>5</td><td>0</td><td>0</td><td>0</td><td>1</td></tr>
<tr><td>2800 時間以上</td><td>4</td><td>0</td><td>0</td><td>0</td><td>0</td></tr>
<tr><td colspan="2">専門課程又は特定専門課程の高度職業訓練修了 ※4 ※10</td><td>3</td><td>1</td><td>2</td><td>0</td><td>0</td><td>0</td><td>0</td></tr>
<tr><td colspan="2">応用課程又は特定応用課程の高度職業訓練修了 ※10</td><td colspan="3">1</td><td>0</td><td>0</td><td>0</td><td>0</td></tr>
<tr><td colspan="2">長期課程又は短期養成課程の指導員訓練修了 ※10</td><td colspan="3">1 ※5</td><td>0 ※5</td><td>0</td><td>0</td><td>0</td></tr>
<tr><td colspan="2">職業訓練指導員免許取得</td><td colspan="3">1</td><td>—</td><td>—</td><td>—</td><td>—</td><td>0</td></tr>
<tr><td colspan="2">長期養成課程の指導員訓練修了 ※10</td><td colspan="3">0</td><td>0</td><td>0</td><td>0</td><td>0</td><td>0</td></tr>
</table>

※ 1：検定職種に関する学科、訓練科又は免許職種に限る。

※ 2：学校教育法による大学、短期大学又は高等学校と同等以上と認められる外国の学校又は他法令学校を卒業した者並びに独立行政法人大学改革支援・学位授与機構により学士の学位を授与された者は学校教育法に基づくそれぞれのものに準ずる。

※ 3：大学入学資格付与課程、大学編入資格付与課程及び大学院入学資格付与課程の専修学校を除く。

※ 4：職業訓練法の一部を改正する法律（昭和53年法律第40号）の施行前に、改正前の職業訓練法に基づく高等訓練課程又は特別高等訓練課程の養成訓練を修了した者は、それぞれ改正後の職業能力開発促進法に基づく普通課程の普通職業訓練又は専門課程の高度職業訓練を修了したものとみなす。また、職業能力開発促進法の一部を改正する法律（平成4年法律第67号）の施行前に、改正前の職業能力開発促進法に基づく専門課程の養成訓練を修了した者は、専門課程の高度職業訓練を修了したものとみなし、改正前の職業能力開発促進法に基づく普通課程の養成訓練又は職業転換課程の能力再開発訓練（いずれも800時間以上のものに限る。）を修了した者はそれぞれ改正後の職業能力開発促進法に基づく普通課程又は短期課程の普通職業訓練を修了したものとみなす。

※ 5：短期養成課程の指導員訓練のうち、実務経験者訓練技法習得コースの修了者については、訓練修了後に行われる能力審査（職業訓練指導員試験に合格した者と同等以上の能力を有すると職業能力開発総合大学校の長が認める審査）に合格しているものに限る。

※ 6：総訓練時間が700時間未満のものを含む。

※ 7：3級及び基礎級の技能検定については、上記のほか、検定職種に関する学科に在学する者及び検定職種に関する訓練科において職業訓練を受けている者も受検できる。また、3級の技能検定については工業高等学校に在学する者等であって、かつ、工業高等学校の教員等による検定職種に係る講習を受講し、当該講習の責任者から技能検定試験受検に際して安全衛生上の問題等がないと判定されたものも受検できる。

※ 8：検定職種に関し実務の経験を有する者について、受検資格を認めることとする。

※ 9：当該学校が厚生労働大臣の指定を受けたものであるか否かに関わらず、受検資格を付与する。

※ 10：職業能力開発促進法第92条に規定する職業訓練又は指導員訓練に準ずる訓練の修了者においても、修了した職業訓練又は指導員訓練の訓練課程に応じ、受検資格を付与する。

別表２　**都道府県及び中央職業能力開発協会所在地一覧**

（令和３年４月現在）

協会名	郵便番号	所在地	電話番号
北海道職業能力開発協会	003-0005	札幌市白石区東札幌５条1-1-2　北海道立職業能力開発支援センター内	011-825-2386
青森県職業能力開発協会	030-0122	青森市大字野尻字今田43-1　青森県立青森高等技術専門校内	017-738-5561
岩手県職業能力開発協会	028-3615	紫波郡矢巾町大字南矢幅10-3-1　岩手県立産業技術短期大学校内	019-613-4620
宮城県職業能力開発協会	981-0916	仙台市青葉区青葉町16-1	022-271-9917
秋田県職業能力開発協会	010-1601	秋田市向浜1-2-1　秋田県職業訓練センター内	018-862-3510
山形県職業能力開発協会	990-2473	山形市松栄2-2-1	023-644-8562
福島県職業能力開発協会	960-8043	福島市中町8-2　福島県自治会館５階	024-525-8681
茨城県職業能力開発協会	310-0005	水戸市水府町864-4　茨城県職業人材育成センター内	029-221-8647
栃木県職業能力開発協会	320-0032	宇都宮市昭和1-3-10　栃木県庁舎西別館	028-643-7002
群馬県職業能力開発協会	372-0801	伊勢崎市宮子町1211-1	0270-23-7761
埼玉県職業能力開発協会	330-0074	さいたま市浦和区北浦和5-6-5　埼玉県浦和合同庁舎５階	048-829-2802
千葉県職業能力開発協会	261-0026	千葉市美浜区幕張西4-1-10	043-296-1150
東京都職業能力開発協会	101-8527	千代田区内神田1-1-5　東京都産業労働局神田庁舎５階	03-6631-6052
神奈川県職業能力開発協会	231-0026	横浜市中区寿町1-4　かながわ労働プラザ６階	045-633-5419
新潟県職業能力開発協会	950-0965	新潟市中央区新光町15-2　新潟県公社総合ビル４階	025-283-2155
富山県職業能力開発協会	930-0094	富山市安住町7-18　安住町第一生命ビル２階	076-432-9887
石川県職業能力開発協会	920-0862	金沢市芳斉1-15-15　石川県職業能力開発プラザ３階	076-262-9020
福井県職業能力開発協会	910-0003	福井市松本3-16-10　福井県職員会館ビル４階	0776-27-6360
山梨県職業能力開発協会	400-0055	甲府市大津町2130-2	055-243-4916
長野県職業能力開発協会	380-0836	長野市大字南長野南県町688-2　長野県婦人会館３階	026-234-9050
岐阜県職業能力開発協会	509-0109	各務原市テクノプラザ1-18　岐阜県人材開発支援センター内	058-260-8686
静岡県職業能力開発協会	424-0881	静岡市清水区楠160	054-345-9377
愛知県職業能力開発協会	451-0035	名古屋市西区浅間2-3-14　愛知県職業訓練会館内	052-524-2034
三重県職業能力開発協会	514-0004	津市栄町1-954　三重県栄町庁舎４階	059-228-2732
滋賀県職業能力開発協会	520-0865	大津市南郷5-2-14	077-533-0850
京都府職業能力開発協会	612-8416	京都市伏見区竹田流池町121-3　京都府立京都高等技術専門校内	075-642-5075
大阪府職業能力開発協会	550-0011	大阪市西区阿波座2-1-1　大阪本町西第一ビルディング６階	06-6534-7510
兵庫県職業能力開発協会	650-0011	神戸市中央区下山手通6-3-30　兵庫勤労福祉センター１階	078-371-2091
奈良県職業能力開発協会	630-8213	奈良市登大路町38-1　奈良県中小企業会館２階	0742-24-4127
和歌山県職業能力開発協会	640-8272	和歌山市砂山南3-3-38　和歌山技能センター内	073-425-4555
鳥取県職業能力開発協会	680-0845	鳥取市富安2-159　久本ビル５階	0857-22-3494
島根県職業能力開発協会	690-0048	松江市西嫁島1-4-5　SPビル２階	0852-23-1755
岡山県職業能力開発協会	700-0824	岡山市北区内山下2-3-10　アマノビル３階	086-225-1547
広島県職業能力開発協会	730-0052	広島市中区千田町3-7-47　広島県情報プラザ５階	082-245-4020
山口県職業能力開発協会	753-0051	山口市旭通り2-9-19　山口建設ビル３階	083-922-8646
徳島県職業能力開発協会	770-8006	徳島市新浜町1-1-7	088-663-2316
香川県職業能力開発協会	761-8031	高松市郷東町587-1　地域職業訓練センター内	087-882-2854
愛媛県職業能力開発協会	791-1101	松山市久米窪田町487-2　愛媛県産業技術研究所　管理棟２階	089-993-7301
高知県職業能力開発協会	781-5101	高知市布師田3992-4	088-846-2300
福岡県職業能力開発協会	813-0044	福岡市東区千早5-3-1　福岡人材開発センター２階	092-671-1238
佐賀県職業能力開発協会	840-0814	佐賀市成章町1-15	0952-24-6408
長崎県職業能力開発協会	851-2127	西彼杵郡長与町高田郷547-21	095-894-9971
熊本県職業能力開発協会	861-2202	上益城郡益城町田原2081-10　電子応用機械技術研究所内	096-285-5818
大分県職業能力開発協会	870-1141	大分市大字下宗方字古川1035-1	097-542-3651
宮崎県職業能力開発協会	889-2155	宮崎市学園木花台西2-4-3	0985-58-1570
鹿児島県職業能力開発協会	892-0836	鹿児島市錦江町9-14	099-226-3240
沖縄県職業能力開発協会	900-0036	那覇市西3-14-1	098-862-4278
中央職業能力開発協会	160-8327	新宿区西新宿7-5-25　西新宿プライムスクエア11階	03-6758-2859

機械・プラント製図

実技試験問題

令和２年度 技能検定
２級 機械・プラント製図(機械製図手書き作業)
実技試験問題概要

1. 試験実施日

令和３年１月24日(日)に全国一斉に行うものとする。

2. 試験時間

４時間 （休憩時間は、設けていない）

3. 問題の概要

実技試験問題及び課題図(機械装置を組み立てた状態の図面)から、指定された部品図を手書きにより作成する。

4. 支給材料

解答用紙として下記のものが支給される。

品名	寸法及び規格	数量
トレース紙	Ａ列２番(420mm×594mm)、65g/m^{2}程度、つや消し	1

5. 注意事項

(1) 試験問題及び課題図は、試験当日配付され、当日回収される。

(2) 使用工具等は、「7.実技試験使用工具等一覧表」で指定したもの以外のものは使用しないこと。

(3) 試験中は、工具等の貸し借りを禁止する。

(4) **この問題概要に書込みしたものを持ち込まないこと。また試験中に他の用紙にメモしたものや参考書等を参照することは禁止とする。**

(5) 試験時間中は、試験終了まで携帯電話、スマートフォン、ウェアラブル端末等の電源を切っておくこと。

6. 指示事項

(1) 製図は、日本産業規格(JIS)の令和2年4月1日時点での最新の規格によること。
ただし、JIS B 0401-1 及び JIS B 0401-2 については、JIS B 0401-1:1998 及び JIS B 0401-2:1998 を適用する。
また、JIS B 0420-1:2016、JIS B 0420-2:2020及びJIS B 0420-3:2020については適用しない。

(2) 解答用紙は、A2(420mm×594mm)の大きさとし、四周をそれぞれ 10mm あけて輪郭線を引き、四辺に中心マークを設けること。

(3) 解答用紙は、長辺を左右方向にして使用すること。

(4) 課題図の右下隅に記載されているとおり、普通公差、受検番号、氏名、投影法及び尺度の欄を部品図の右下隅に設け、それぞれの所要事項を記入すること。

(5) 図を描く場合、課題図に表れていない部分は、他から類推して描くこと。

(6) 断面の切り口を表すハッチング等は、施す必要がない。

(7) 普通公差が適用できない寸法の許容限界は、「公差域クラスの記号(寸法公差記号)」、「寸法許容差」又は「許容限界寸法」のいずれかによって記入すること。

(8) 課題図に寸法、寸法の許容限界及び公差域クラスの記号を示している場合は、そのままの値を部品図に用いること。

(9) 普通公差、普通寸法公差及び普通幾何公差は、試験問題に指示された値を用いること。

(10) 対称図形でも、指示のない場合は、中心線から半分だけを描いたり、破断線等により図を省略しないこと。

(11) 表面性状に関する指示事項は、次のとおりである。

a. JIS B 0031:2003「製品の幾何特性仕様－表面性状の図示方法」の適用範囲は次によること。

イ. 表面性状は、１個の粗さパラメータとその数値で表すこと。

ロ. 粗さパラメータは、算術平均粗さ Ra、最大高さ粗さ Rz、十点平均粗さ Rz_{JIS}、中心線平均粗さ Ra_{75}のいずれかを用いること。できる限り Ra を用いることが望ましい。

ハ. 16%ルール(標準ルール)を用いること。

ニ. 通過帯域、評価長さ、基準長さ及び各フィルタのカットオフ値は、すべて標準値を用いること。

ホ. パラメータの片側許容限界値の下限値及び両側許容限界値は用いないこと。

ヘ. 課題で指示された以外の加工方法の指示は行わないこと。

ト. 加工によって生じる筋目は指示しないこと。

b. 表面性状に関する指示事項は、表面性状の図示記号と表面粗さのパラメータ及びその数値によって表すこと。

c. 表面性状に関する指示事項は、試験問題に指示された場所に大部分が同じ表面性状を一括して示し、その後ろの括弧の中に他の表面性状があることを示し、他の表面性状は図形に指示すること(大部分が同じ表面性状である場合の簡略指示)。

d. 角隅の丸み及びかどの45°面取りについては、表面性状の図示は行わなくてもよい。

(12) めねじ部の下穴深さについては、「↧」は用いずに、JIS B 0002-1「製図－ねじ及びねじ部品－第1部：通則」の「4.3 ねじ長さ及び止まり穴深さ」の図示表記によること。

(13) 解答用紙を課題図に重ねて図を描かないこと。

7. 実技試験使用工具等一覧表

(1) 受検者が持参するもの

区分	品名	寸法又は規格	数量	備考
製図用機器	製図機械(水平面用)又はT定規	A2 の製図用紙に使用可能なもの	いずれか1	垂直用タイプを使用したい場合は、協会事務局に可否を問い合わせること
	大コンパス	シャープペンシル・鉛筆用	適宜	ビームコンパスでもよい
	中コンパス	シャープペンシル・鉛筆用	適宜	
	中車式コンパス(スプリングコンパス)	シャープペンシル・鉛筆用	適宜	
	ディバイダ		適宜	
	三角定規		適宜	
	スケール	メートル用	適宜	(現尺、縮尺 1:2 等)
	型板(テンプレート)		適宜	雲形定規も含む
	自在定規		適宜	
	分度器		適宜	
	消し板		適宜	
その他	シャープペンシル・鉛筆・マーカ類		適宜	しんホルダでもよい
	ナイフ等		適宜	
	しんとぎ器又は紙やすり		適宜	
	消しゴム		適宜	
	製図用はけ		適宜	
	紙粘着テープ		適宜	
	電子式卓上計算機	電池式(太陽電池式含む)	1	関数電卓可(ただし、プログラム機能付きのものは不可)

注. 受検者が持参するものは、上表に掲げるものに限る。

なお、これらのうち、使用する必要がないと思われるものは持参しなくても差し支えない。

(2) 試験場に準備されているもの

(数量欄の数字は、受検者１人当たりの数量を示す)

区分	品名	寸法又は規格	数量	備考
器具類	トレース紙	「4. 支給材料」で示されたもの	1	
	製図板	A2 の製図用紙に使用可能なもの	1	
	製図台		1	事務用机等の場合もある
	脇机		1	使用器具等が置ける程度のもの
	いす		1	
	ケント紙又は同等品	製図板大のもの	1	解答用紙下敷用

令和２年度 技能検定
２級 機械・プラント製図(機械製図手書き作業)
実技試験問題

課題図は、産業用の流体機器を尺度１：１で描いたものである。

次の注意事項及び仕様に従って、課題図中の本体①[材料 FC250]の図形を描き、寸法、寸法の許容限界、幾何公差、表面性状に関する指示事項等を記入し、部品図を作成しなさい。

1. 試験時間

4時間 （休憩時間は、設けていない）

2. 注意事項

(1) 支給された解答用紙(トレース紙)の汚れ、破れ等を確認し、異常がある場合は、申し出ること。

(2) 使用工具等は、「2級 機械・プラント製図(機械製図手書き作業)実技試験問題概要」の「実技試験使用工具等一覧表」で指定したもの以外のものは使用しないこと。

(3) 試験中は、工具等の貸し借りを禁止する。

(4) 試験時間中は、試験終了まで携帯電話、スマートフォン、ウェアラブル端末等の電源を切っておくこと。

(5) 試験時間内に作業が終了した場合は、その旨を技能検定委員に対して申告し、指示に従うこと。

受検番号	氏名

3. 仕様

3.1 部品図作成要領

(1) 製図は、日本産業規格(JIS)の令和2年4月1日時点での最新の規格によること。

ただし、JIS B 0401-1 及び JIS B 0401-2 については、JIS B 0401-1:1998 及び JIS B 0401-2:1998 を適用する。

また、JIS B 0420-1:2016、JIS B 0420-2:2020 及び JIS B 0420-3:2020 については適用しない。

(2) 解答用紙は、A2(420mm×594mm)の大きさとし、四周をそれぞれ 10mm あけて輪郭線を引き、四辺に中心マークを設けること。

(3) 解答用紙は、長辺を左右方向にして使用すること。

(4) 課題図の右下隅に記載されている表題欄と同じ寸法で表題欄を部品図の右下隅に設け、普通公差、受検番号、氏名、投影法及び尺度の欄に、それぞれの所要事項を記入すること。

(5) 図を描く場合、課題図に表れていない部分は、他から類推して描くこと。

(6) 断面の切り口を表すハッチング等は、施す必要がない。

(7) 普通公差が適用できない寸法の許容限界は、「公差域クラスの記号(寸法公差記号)」、「寸法許容差」又は「許容限界寸法」のいずれかによって記入すること。

(8) 課題図に寸法、寸法の許容限界及び公差域クラスの記号を示している場合は、そのままの値を部品図に用いること。

(9) 普通公差は、鋳造に関しては JIS B 0403 の鋳造公差等級 CT8、機械加工に関しては普通寸法公差は JIS B 0405 の中級(記号 m)、普通幾何公差は JIS B 0419 の公差等級 K とすること。

(10) 表面性状に関する指示事項は、次のとおりである。

JIS B 0031: 2003「製品の幾何特性仕様－表面性状の図示方法」の適用範囲は次によること。

イ. 表面性状は、1個の粗さパラメータとその数値で表すこと。

ロ. 粗さパラメータは、算術平均粗さ Ra、最大高さ粗さ Rz、十点平均粗さ Rz_{JIS}、中心線平均粗さ Ra_{75} のいずれかを用いること。できる限り Ra を用いることが望ましい。

ハ. 16%ルール(標準ルール)を用いること。

ニ. 通過帯域、評価長さ、基準長さ及び各フィルタのカットオフ値は、すべて標準値を用いること。

ホ. パラメータの片側許容限界値の下限値及び両側許容限界値は用いないこと。

ヘ. 課題で指示された以外の加工方法の指示は行わないこと。

ト. 加工によって生じる筋目は指示しないこと。

チ. 表面性状の指示は、紙面の右上に鋳肌面の表面性状を一括して示し、その後ろの括弧の中に機械加工面に用いる表面性状を記入すること(大部分が同じ表面性状である場合の簡略指示)。

鋳肌面の表面性状は、除去加工の有無を問わない場合の表面性状の図示記号を用い、表面粗さのパラメータ及びその数値は Rz 200 とすること。

リ. 機械加工面の表面性状は、それぞれ図形に記入し、特に指示のない場合においては、粗さパラメータ及びその数値は、算術平均粗さで表したとき、*Ra* 25、*Ra* 6.3 及び *Ra* 1.6 のいずれかとすること。ただし、算術平均粗さ以外で表示するときは、上の数値に相当する値を用いること。

ヌ．角隅の丸み及びかどの 45°面取りについては、表面性状の図示は行わなくてもよい。

(11) めねじ部の下穴深さについては、「↧」は用いずに、JIS B 0002-1「製図－ねじ及びねじ部品－第 1 部：通則」の「4.3 ねじ長さ及び止まり穴深さ」の図示表記によること。

(12) 対称図形でも、指示のない場合は、中心線から半分だけを描いたり、破断線などにより図を省略しないこと。

(13) 解答用紙を課題図に重ねて図を描かないこと。

3.2　課題図の説明

課題図は、産業用の流体機器を尺度1：1で描いたものである。

主投影図は、A－Aの断面図で示している。

右側面図は、Bから見た外形図で示している。

左側面図は、Cから見た外形図で示している。

平面図は、Dから見た外形図で示している。

本体①は、材料FC250の鋳鉄品で、必要な部分は機械加工される。

流体は、図中㋐の部分からの圧縮空気の入・切で、ピストン軸⑤と弁体⑦の移動により、大フランジ㋑と2箇所の小フランジ㋒及び㋓を通して流れる。

②はカバー、③はばね支え、④はピストン、⑥は弁座、⑧はロックナット、⑨はばね、⑩はOリング、⑪、⑫はパッキン、⑬、⑭は取付ボルト、⑮は閉止プラグである。

3.3　指示事項

(1)　本体①の部品図は、第三角法により尺度 1：1 で描くこと。

(2)　本体①の部品図は、下図の配置で描くこと。

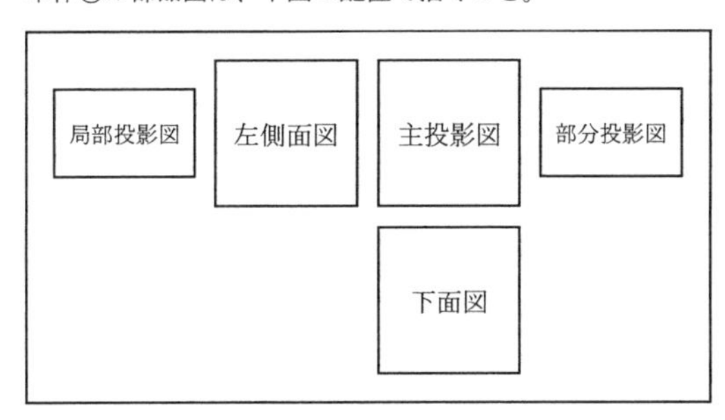

(3)　本体①の部品図は、主投影図、左側面図、下面図、部分投影図及び局部投影図とし、(2)の配置で下記 a～j により描くこと。

a. 主投影図は、課題図のA－Aの断面図とすること。

b. 左側面図は、課題図のCから見た外形図とし、中心線から左側は、断面の識別記号を用いて課題図のE－Eの断面図とすること。

c. 下面図は、課題図のFから見た外形図とし、対称図示記号を用いて中心線から下側のみを描くこと。

d. 部分投影図は、課題図のBから見た外形図とし、カバー②を取り付ける面（面取り線含む)及びねじに関して、対称図示記号を用いて中心線から右側のみを描くこと。

e. 局部投影図は、課題図のGから見た小フランジ㋒のねじに関して、対称図示記号を用いて中心線から左側のみを描くこと。

f. Oリング⑩用の面取り角度は30°とし、軸方向の面取り長さ寸法は2mmとすること。また、内径公差はH9とすること。

g. ねじ類は、下記によること。

イ. カバー②の取付ボルト⑬のねじは、メートル並目ねじ、呼び径6mmである。これ用のめねじの下穴径は、4.97mmとすること。

ロ. ばね支え③の取付ボルト⑭のねじは、メートル並目ねじ、呼び径6mmである。これ用のめねじの下穴径は、4.97mmとすること。

ハ. 大フランジ㋑の取付ボルト用のキリ穴は、直径13mmとし、鋳肌面には直径24mm、深さ1mmのざぐりを施すこと。

ニ. 小フランジ㋒及び㋓のねじは、メートル並目ねじ、呼び径8mmである。

ホ. 閉止プラグ⑮のねじは、管用テーパねじ呼び1/8である。これ用のねじ穴は、管用テーパめねじとすること。

h. 下記により幾何公差を指示すること。

イ. 大フランジ㋑の取付面の平面度は、その公差域が0.1mm離れた平行二平面の間にあること。

ロ. 弁座⑥の入る穴の軸線をデータムとし、ばね支え③の入る穴の軸線の同軸度は、その公差域が直径0.2mmの円筒内にあること。

ハ. 弁座⑥の入る穴の軸線をデータムとし、ピストン軸⑤の入る穴の軸線の同軸度は、その公差域が直径0.01mmの円筒内にあること。

i. 鋳造部の角隅の丸みは、R3についてのみ個々に記入せず、紙面の右上に「鋳造部の指示のない角隅の丸みはR3とする」と注記し、一括指示すること。

j. 小フランジ㋒及び㋓は形状、寸法及びねじも同一であるので課題図と同様に小フランジ㋒及び㋓を図示し、小フランジ㋓の近傍に「フランジ㋒と同一」と指示すること。

課題図は本書巻末に掲載しています。

令和２年度 技能検定

１級 機械・プラント製図(機械製図手書き作業)

実技試験問題概要

1. 試験実施日

令和３年１月 24 日(日)に全国一斉に行うものとする。

2. 試験時間

５時間 （休憩時間は、設けていない）

3. 問題の概要

実技試験問題(計算問題を含む)及び課題図(機械装置を組み立てた状態の図面)から、指定された部品図を手書きにより作成する。

4. 支給材料

解答用紙として下記のものが支給される。

品名	寸法及び規格	数量
トレース紙	Ａ列１番(594mm×841mm)、65g/m^{2}程度、つや消し	1

5. 注意事項

(1) 試験問題及び課題図は、試験当日配付され、当日回収される。

(2) 使用工具等は、「7.実技試験使用工具等一覧表」で指定したもの以外のものは使用しないこと。

(3) 試験中は、工具等の貸し借りを禁止する。

(4) **この問題概要に書込みしたものを持ち込まないこと。また試験中に他の用紙にメモしたものや参考書等を参照することは禁止とする。**

(5) 試験時間中は、試験終了まで携帯電話、スマートフォン、ウェアラブル端末等の電源を切っておくこと。

6. 指示事項

(1) 製図は、日本産業規格(JIS)の令和2年4月1日時点での最新の規格によること。ただし、下記の規格を用いてもよい。

JIS Z 3021:2010「溶接記号」　ただし、混用は認めない。

JIS B 0401-1及びJIS B 0401-2については、JIS B 0401-1:1998及びJIS B 0401-2:1998を適用する。また、JIS B 0420-1:2016、JIS B 0420-2:2020及びJIS B 0420-3:2020については適用しない。

(2) 解答用紙は、A1(594mm×841mm)の大きさとし、四周をそれぞれ20mmあけて輪郭線を引き、四辺に中心マークを設けること。

(3) 解答用紙は、長辺を左右方向にして使用すること。

(4) 課題図の右下隅に記載されているとおり、普通公差、受検番号、氏名、投影法及び尺度の欄を部品図の右下隅に設け、それぞれの所要事項を記入すること。

(5) 図を描く場合、課題図に表れていない部分は、他から類推して描くこと。

(6) 断面の切り口を表すハッチング等は、施す必要がない。

(7) 普通公差が適用できない寸法の許容限界は、「公差域クラスの記号(寸法公差記号)」、「寸法許容差」又は「許容限界寸法」のいずれかによって記入すること。

(8) 課題図に寸法、寸法の許容限界及び公差域クラスの記号を示している場合は、そのままの値を部品図に用いること。

(9) 普通公差、普通寸法公差及び普通幾何公差は、試験問題に指示された値を用いること。

(10) 対称図形でも、指示のない場合は、中心線から半分だけを描いたり、破断線等により図を省略しないこと。

(11) 表面性状に関する指示事項は、次のとおりである。

a. JIS B 0031:2003「製品の幾何特性仕様－表面性状の図示方法」の適用範囲は次によること。

イ. 表面性状は、1個の粗さパラメータとその数値で表すこと。

ロ. 粗さパラメータは、算術平均粗さRa、最大高さ粗さRz、十点平均粗さRz_{JIS}、中心線平均粗さRa_{75}のいずれかを用いること。できる限りRaを用いることが望ましい。

ハ. 16%ルール(標準ルール)を用いること。

ニ. 通過帯域、評価長さ、基準長さ及び各フィルタのカットオフ値は、すべて標準値を用いること。

ホ. パラメータの片側許容限界値の下限値及び両側許容限界値は用いないこと。

ヘ. 課題で指示された以外の加工方法の指示は行わないこと。

ト. 加工によって生じる筋目は指示しないこと。

b. 表面性状に関する指示事項は、表面性状の図示記号と表面粗さのパラメータ及びその数値によって表すこと。

c. 表面性状に関する指示事項は、試験問題に指示された場所に大部分が同じ表面性状を一括して示し、その後ろの括弧の中に他の表面性状があることを示し、他の表面性状は図形に指示すること(大部分が同じ表面性状である場合の簡略指示)。

d. 角隅の丸み及びかどの45°面取りについては、表面性状の図示は行わなくてもよい。

(12) めねじ部の下穴深さについては、「↧」は用いずに、JIS B 0002-1「製図－ねじ及びねじ部品－第1部：通則」の「4.3 ねじ長さ及び止まり穴深さ」の図示表記によること。

(13) 溶接の指示がある場合は、課題図に記してあるとおりとし、溶接の種類、寸法等は溶接記号で指示すること。

(14) 解答用紙を課題図に重ねて図を描かないこと。

7. 実技試験使用工具等一覧表

(1) 受検者が持参するもの

区分	品　　名	寸法又は規格	数量	備　　考
製図用機器	製図機械(水平面用)又はT定規	A1 の製図用紙に使用可能なもの	いずれか1	垂直用タイプを使用したい場合は、協会事務局に可否を問い合わせること
	大コンパス	シャープペンシル・鉛筆用	適宜	ビームコンパスでもよい
	中コンパス	シャープペンシル・鉛筆用	適宜	
	中車式コンパス(スプリングコンパス)	シャープペンシル・鉛筆用	適宜	
	ディバイダ		適宜	
	三角定規		適宜	
	スケール	メートル用	適宜	(現尺、縮尺 1:2 等)
	型板(テンプレート)		適宜	雲形定規も含む
	自在定規		適宜	
	分度器		適宜	
	消し板		適宜	
その他	シャープペンシル・鉛筆・マーカ類		適宜	しんホルダでもよい
	ナイフ等		適宜	
	しんとぎ器又は紙やすり		適宜	
	消しゴム		適宜	
	製図用はけ		適宜	
	紙粘着テープ		適宜	
	電子式卓上計算機	電池式(太陽電池式含む)	1	関数電卓可(ただし、プログラム機能付きのものは不可)

注．受検者が持参するものは、上表に掲げるものに限る。

なお、これらのうち、使用する必要がないと思われるものは持参しなくても差し支えない。

(2) 試験場に準備されているもの

(数量欄の数字は、受検者 1 人当たりの数量を示す)

区分	品　　名	寸法又は規格	数量	備　　考
器具類	トレース紙	「4. 支給材料」で示されたもの	1	
	製図板	A1 の製図用紙に使用可能なもの	1	
	製図台		1	事務用机等の場合もある
	脇机		1	使用器具等が置ける程度のもの
	いす		1	
	ケント紙又は同等品	製図板大のもの	1	解答用紙下敷用

令和2年度 技能検定
1級 機械・プラント製図(機械製図手書き作業)
実技試験問題

課題図は、工作機械の送り部分を尺度1：2で描いたものである。

次の注意事項及び仕様に従って、課題図中の本体①(1-1～1-13で構成されている鋼材[SS400]溶接組立品)及び作動軸⑧[S35C]の図形を描き、寸法、寸法の許容限界、幾何公差、表面性状に関する指示事項及び溶接記号等を記入し、部品図を作成しなさい。

1. 試験時間

5時間 (休憩時間は、設けていない)

2. 注意事項

(1) 支給された解答用紙(トレース紙)の汚れ、破れ等を確認し、異常がある場合は、申し出ること。

(2) 使用工具等は、「1級 機械・プラント製図(機械製図手書き作業)実技試験問題概要」の「実技試験使用工具等一覧表」で指定したもの以外のものは使用しないこと。

(3) 試験中は、工具等の貸し借りを禁止する。

(4) 試験時間中は、試験終了まで携帯電話、スマートフォン、ウェアラブル端末等の電源を切っておくこと。

(5) 試験時間内に作業が終了した場合は、その旨を技能検定委員に対して申告し、指示に従うこと。

受検番号	氏名

3. 仕様

3.1 部品図作成要領

(1) 製図は、日本産業規格(JIS)の令和 2 年 4 月 1 日時点での最新の規格によること。ただし、下記の規格を用いてもよい。

JIS Z 3021:2010「溶接記号」　ただし、混用は認めない。

JIS B 0401-1 及び JIS B 0401-2 については、JIS B 0401-1:1998 及び JIS B 0401-2:1998 を適用する。また、JIS B 0420-1:2016、JIS B 0420-2:2020 及び JIS B 0420-3:2020 については適用しない。

(2) 解答用紙は、A1(594mm×841mm)の大きさとし、四周をそれぞれ 20mm あけて輪郭線を引き、四辺に中心マークを設けること。

(3) 解答用紙は、長辺を左右方向にして使用すること。

(4) 課題図の右下隅に記載されている表題欄と同じ寸法で表題欄を部品図の右下隅に設け、普通公差、受検番号、氏名、投影法及び尺度の欄に、それぞれの所要事項を記入すること。

(5) 図を描く場合、課題図に表れていない部分は、他から類推して描くこと。

(6) 断面の切り口を表すハッチング等は、施す必要がない。

(7) 普通公差が適用できない寸法の許容限界は、「公差域クラスの記号(寸法公差記号)」、「寸法許容差」又は「許容限界寸法」のいずれかによって記入すること。

(8) 課題図に寸法、寸法の許容限界及び公差域クラスの記号を示している場合は、そのままの値を部品図に用いること。

(9) 普通公差は、①の板金加工に関しては JIS B 0417 の A 級、機械加工に関しては普通寸法公差は JIS B 0405 の中級(記号 m)、普通幾何公差は JIS B 0419 の公差等級 K とすること。

(10) 表面性状に関する指示事項は、次のとおりである。

JIS B 0031: 2003「製品の幾何特性仕様－表面性状の図示方法」の適用範囲は次によること。

イ. 表面性状は、1 個の粗さパラメータとその数値で表すこと。

ロ. 粗さパラメータは、算術平均粗さ Ra、最大高さ粗さ Rz、十点平均粗さ Rz_{JIS}、中心線平均粗さ Ra_{75}のいずれかを用いること。できる限り Ra を用いることが望ましい。

ハ. 16%ルール(標準ルール)を用いること。

ニ. 通過帯域、評価長さ、基準長さ及び各フィルタのカットオフ値は、すべて標準値を用いること。

ホ. パラメータの片側許容限界値の下限値及び両側許容限界値は用いないこと。

ヘ. 課題で指示された以外の加工方法の指示は行わないこと。

ト. 加工によって生じる筋目は指示しないこと。

チ. ①の板金及び溶接面(黒皮面)の表面性状の指示は、①の照合番号の近辺に一括して示し、その後ろの括弧の中に機械加工面に用いる表面性状を記入すること(大部分が同じ表面性状である場合の簡略指示)。板金及び溶接面の表面性状は、除去加工の有無を問わない場合の表面性状の図示記号を用い、粗さパラメータ及びその数値は Rz 200 とすること。

リ．機械加工面の表面性状は、それぞれ図形に記入し、特に指示のない場合においては、粗さパラメータ及びその数値は、算術平均粗さで表したとき、*Ra* 25、*Ra* 6.3 及び *Ra* 1.6 のいずれかとすること。ただし、算術平均粗さ以外で表示するときは、上の数値に相当する値を用いること。

ヌ．角隅の丸み及びかどの 45°面取りについては、表面性状の図示は行わなくてもよい。

(11) めねじ部の下穴深さについては、「↧」は用いずに、JIS B 0002-1「製図－ねじ及びねじ部品－第1部：通則」の「4.3 ねじ長さ及び止まり穴深さ」の図示表記によること。

(12) 溶接の指示は、課題図に記してあるとおりとし、溶接の種類、寸法等は溶接記号で指示すること。

(13) 対称図形でも、指示のない場合は、中心線から半分だけを描いたり、破断線などにより図を省略しないこと。

(14) 解答用紙を課題図に重ねて図を描かないこと。

3.2　課題図の説明

課題図は、工作機械の送り部分を尺度1：2で描いたものである。

主投影図は、課題図のA－Aの断面図で示している。

左側面図は、課題図のBから見た外形図で示している。

平面図は、課題図のDから見た外形図で、一部をE－Eの断面図で示している。

本体①は、鋼材「SS400」からなり、溶接組立後、焼きなましの上、機械加工されている。

作動軸⑧は、鋼材「S35C」で、焼きならし後、全面機械加工されている。

送り作動用の回転力は、入力軸②から、かさ歯車④、かさ歯車⑦、作動軸⑧及びはすば歯車⑨を介して伝達される。

③は軸受ホルダ、⑤、⑥は軸受押さえ、⑩は深溝玉軸受、⑪は閉止カバー、⑫、⑬はパッキン、⑭は転がり軸受用ロックナット、⑮は転がり軸受用座金、⑯は止め輪、⑰はOリング、⑱、⑲、⑳、㉑、㉒は取付ボルト、㉓は平行ピン、㉔は閉止プラグである。

3.3　指示事項

(1)　本体①及び作動軸⑧の部品図は、第三角法により尺度 1 : 2 で描くこと。

(2)　本体①及び作動軸⑧の部品図は、部品の照合番号を含めて下図の配置で描くこと。

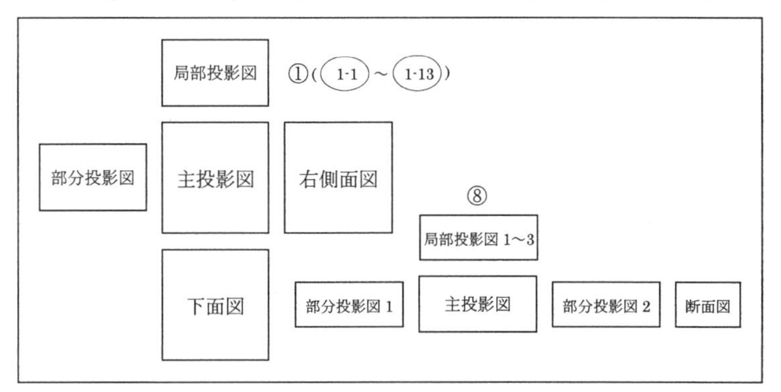

(3)　本体①の部品図は、主投影図、右側面図、下面図、部分投影図及び局部投影図とし、部材の照合番号を含めて(2)の配置で下記 a～l により描くこと。

a.　主投影図は、課題図のA－Aの断面図とすること。

b.　右側面図は、課題図のCから見た外形図とすること。

c.　下面図は、課題図のFから見た外形図とすること。

d.　部分投影図は、課題図のBから見た外形図とし、部材(1－2)、(1－3)、(1－6)、(1－8)及び(1－9)をかくれ線を含め描き、対称図示記号を用いて中心線から左側のみを描くこと。

e.　局部投影図は、課題図のDから見た部材(1－7)のねじに関してのみ描き、対称図示記号を用いて中心線から上側のみを描くこと。

f.　Oリング⑰用の溝部は、幅寸法は7.5mm、許容差は $^{+0.25}_{\ \ 0}$ mm、溝底の径寸法は100mm、公差はh9とし、表面性状は全て*Ra* 3.2と指示すること。

g.　Oリング⑰用の面取り角度は30°とし、軸方向の面取り長さ寸法は4mmとすること。

h.　ねじ類は、下記によること。

イ.　軸受カバー③の取付ボルト⑱のねじは、メートル並目ねじ、呼び径 8mm である。これ用のめねじの下穴径は、6.71mm とすること。

ロ.　閉止カバー⑪の取付ボルト⑲のねじは、メートル並目ねじ、呼び径 8mm である。(溶接前加工)と追記すること。

ハ.　軸受押さえ⑤の取付ボルト⑳のねじは、メートル並目ねじ、呼び径 10mm である。これ用のめねじの下穴径は、8.46mm とすること。

ニ.　本体①の取付ボルト㉑の入るボルト用のキリ穴は、直径 18.5mm で、黒皮面には、直径 35mm、深さ 1mm のざぐりを施すこと。

ホ.　本体①の位置決め用平行ピン㉓(対称 2 か所)は呼び径 10mm である。

この穴加工は、リーマ加工とし、(合わせ加工)と指示すること。

ヘ. 閉止プラグ㉔のねじは、管用テーパねじ呼び 1/2 である。これ用のねじ穴は、管用テーパめねじとすること。

i. 深溝玉軸受⑩の呼び外径は、直径80mmである。

j. 下記により幾何公差を指示すること。

イ. 軸受押さえ⑤の入る穴の軸線をデータムとし、深溝玉軸受⑩(左側)の入る穴の軸線の直角度は、その公差域が直径 0.02mm の円筒内にあること。

ロ. 深溝玉軸受⑩(左側)の入る穴の軸線をデータムとし、深溝玉軸受⑩(右側)の入る穴の軸線の同軸度は、その公差域が直径 0.02mm の円筒内にあること。

k. 課題図中のφa寸法の穴側の許容差は、$^{+0.15}_{+0.05}$ mmであり、はめあい部のすきまが0.25～0.5mmになるように軸側の許容差を計算し、記入すること。

l. 本体①を構成している各部材の照合番号((1−1) ～ (1−13))を図中に記入すること。

(4) 作動軸⑧の部品図は、主投影図、断面図、部分投影図 1、2 及び局部投影図 1〜3 とし、(2)の配置で下記 a〜k により描くこと。

a. 主投影図は、課題図のGから見た外形図とすること。

b. 断面図は、断面の識別記号を用いて、はすば歯車⑨のキー溝部の断面を描き、キー溝に関しては、キー溝幅12mm、溝幅公差はN9、キー溝の反対側の外径からキー溝底までの寸法は35mm、許容差は $^{\ 0}_{-0.2}$ mmとすること。

c. 部分投影図1は、Bから見た外形図とし、かさ歯車⑦の入る軸の形状までを描くこと。キー溝に関しては、キー溝幅12mm、溝幅公差はN9、キー溝の反対側の外径からキー溝底までの寸法は35mm、許容差は $^{\ 0}_{-0.2}$ mmとすること。

d. 部分投影図2は、Cから見た外形図とし、先端のねじ部の形状を描くこと。

e. 局部投影図1〜3は、かさ歯車⑦とはすば歯車⑨のキー溝形状及び転がり軸受用座金⑮の溝形状に関して描くこと。

f. 止め輪⑯の入る溝底の径寸法は47mm、許容差は $^{\ 0}_{-0.25}$ mm、幅寸法は2.2mm、幅の許容差は $^{+0.14}_{\ 0}$ mmとすること。

g. 深溝玉軸受⑩(両側)部の公差は、m5とすること。

h. 軸の表面性状は、深溝玉軸受⑩(両側)とのはめあい部及びキー溝幅面は*Ra* 1.6とし、かさ歯車⑦とはすば歯車⑨のはめあい部及び当たり面、深溝玉軸受⑩(両側)との当たり面、止め輪⑯の溝部及びキー溝底面は*Ra* 6.3とすること。その他の部分の表面性状は、全て*Ra* 12.5とし、照合番号の近辺に一括指示すること。

i. かさ歯車⑦の取付ボルト㉒のねじは、メートル並目ねじ、呼び径16mmである。これ用のめねじの下穴径は、13.9mmとすること。

j. 転がり軸受用ロックナット⑭のねじは、メートル細目ねじ、呼び径35mm、ピッチ1.5mmである。

k. 下記により幾何公差を指示すること。

イ. 深溝玉軸受⑩(左側)とのはめあい部の外径の円筒度は、その公差域が半径距離で0.01mm 離れた同軸の二つの円筒の間にあること。

ロ. 深溝玉軸受⑩(左側)とのはめあい部の軸線をデータムとし、深溝玉軸受⑩(右側)の入る軸線の同軸度は、その公差域が直径 0.02mm の円筒内にあること。

課題図は本書巻末に掲載しています。

令和2年度 技能検定
2級 機械・プラント製図(機械製図 CAD 作業)
実技試験問題概要

1. 試験実施日

令和3年1月24日(日)に全国一斉に行うものとする。

2. 試験時間

4時間 (作業時間)

ただし、試験時間中に休憩時間を設けることとし、下表に示すとおり3回に時間を分けて実施すること。

1回目 作業時間	1回目 休憩時間	2回目 作業時間	2回目 休憩時間	3回目 作業時間
90分	10分	90分	10分	60分

3. 問題の概要

実技試験問題及び課題図(機械装置を組み立てた状態の図面)から、指定された部品図を CAD により作成するとともに、部品図データを保存・提出する。

4. 注意事項

(1) 試験問題及び課題図は、試験当日配付され、当日回収される。
(2) 使用工具等は、「6.実技試験使用工具等一覧表」で指定したもの以外のものは使用しないこと。
(3) 試験中は、工具等の貸し借りを禁止する。
(4) **この問題概要に書込みしたものを持ち込まないこと。また試験中に他の用紙にメモしたものや参考書等を参照することは禁止とする。**
(5) 試験時間中は、試験終了(休憩時間も含む)まで携帯電話、スマートフォン、ウェアラブル端末等の電源を切っておくこと。
(6) 許可したフォルダ等(共有サーバや他のコンピュータ等を含む)以外へのアクセスは禁止とする。
(7) 受検者が使用したパソコンのアクセス状況は、ログとして記録する等アクセスの管理を行っている。
(8) 線の太さの設定は、受検者が行うこと。
(9) 試験開始前に30分間の練習時間が与えられる。また、練習時間中に、線の太さ、線種、表面性状の図示記号等の設定及び登録作業を行ってもよい。ただし、用紙への出力操作はできない。
(10) 次の事項に該当した場合は、失格となる。ただし、下記以外も失格となる場合がある。
イ. 不正行為(ネットワークの不正利用、禁止されたフォルダ、共有サーバ、他のコンピュータ等へのアクセスを含む)を行った場合。

5. 指示事項

(1) 製図は、日本産業規格(JIS)の令和２年４月１日時点での最新の規格によること。
ただし、JIS B 0401-1 及び JIS B 0401-2 については、JIS B 0401-1:1998 及び JIS B 0401-2:1998 を適用する。
また、JIS B 0420-1:2016、JIS B 0420-2:2020 及び JIS B 0420-3:2020 については適用しない。

(2) 解答用紙は、A2(420mm×594mm)の大きさとし、四周をそれぞれ 10mm あけて輪郭線を引き、四辺に中心マークを設けること。

(3) 解答用紙は、長辺を左右方向にして使用すること。

(4) 課題図の右下隅に記載されているとおり、普通公差、受検番号、氏名、投影法及び尺度の欄を部品図の右下隅に設け、それぞれの所要事項を記入すること。

(5) 図を描く場合、課題図に表れていない部分は、他から類推して描くこと。

(6) 断面の切り口を表すハッチング等は、施す必要がない。

(7) 普通公差が適用できない寸法の許容限界は、「公差域クラスの記号(寸法公差記号)」、「寸法許容差」又は「許容限界寸法」のいずれかによって記入すること。

(8) 課題図に寸法、寸法の許容限界及び公差域クラスの記号を示している場合は、そのままの値を部品図に用いること。

(9) 普通公差、普通寸法公差及び普通幾何公差は、試験問題に指示された値を用いること。

(10) 対称図形でも、指示のない場合は、中心線から半分だけを描いたり、破断線等により図を省略しないこと。

(11) 表面性状に関する指示事項は、次のとおりである。

a. JIS B 0031:2003「製品の幾何特性仕様－表面性状の図示方法」の適用範囲は次によること。

イ. 表面性状は、１個の粗さパラメータとその数値で表すこと。

ロ. 粗さパラメータは、算術平均粗さ Ra、最大高さ粗さ Rz、十点平均粗さ Rz_{JIS}、中心線平均粗さ Ra_{75} のいずれかを用いること。できる限り Ra を用いることが望ましい。

ハ. 16%ルール(標準ルール)を用いること。

ニ. 通過帯域、評価長さ、基準長さ及び各フィルタのカットオフ値は、すべて標準値を用いること。

ホ. パラメータの片側許容限界値の下限値及び両側許容限界値は用いないこと。

ヘ. 課題で指示された以外の加工方法の指示は行わないこと。

ト. 加工によって生じる筋目は指示しないこと。

b. 表面性状に関する指示事項は、表面性状の図示記号と表面粗さのパラメータ及びその数値によって表すこと。

c. 表面性状に関する指示事項は、試験問題に指示された場所に大部分が同じ表面性状を一括して示し、その後ろの括弧の中に他の表面性状があることを示し、他の表面性状は図形に指示すること(大部分が同じ表面性状である場合の簡略指示)。

d. 角隅の丸み及びかどの 45°面取りについては、表面性状の図示は行わなくてもよい。

(12) めねじ部の下穴深さについては、「↧」は用いずに、JIS B 0002-1「製図－ねじ及びねじ部品－第1部：通則」の「4.3 ねじ長さ及び止まり穴深さ」の図示表記によること。

(13) 部品図データの保存･提出について

部品図データは、最終データのみを保存するのではなく、部品図作成の途中経過が確認できるように、各作業時間ごと及び試験終了時すべてのデータを指定の方法により保存し、提出すること。

また、部品図データのファイル名は、「2－×××－□.○○○」とし、"－"はハイフン、"×××"は受検番号、"□"は作業回数(1回目作業を保存する場合は作業回数を1に、2回目作業を保存する場合は作業回数を2と入力すること)、"○○○"の拡張子は、CAD用ソフトウェア固有のものとすること。

(14) 部品図の作成が終了し、保存した部品図データを提出する際には、支給された記憶媒体に保存し、“書き込み禁止”等のプロテクトがある場合は、プロテクト状態にして、技能検定委員に提出すること。

(15) 試験終了後、技能検定委員の指示により、指定用紙に、作成した部品図を出力すること。この作業時間は、試験時間に含まれない。

なお、試験中、用紙への出力は禁止する。

6. 実技試験使用工具等一覧表

(1) 受検者が持参するもの

品名	寸法又は規格	数量	備考
ディバイダ		適宜	コンパスも可
三角定規		適宜	
スケール	メートル用	適宜	(現尺、縮尺 1:2 等)
分度器		適宜	
型板(テンプレート)		適宜	
マウスパッド		適宜	
筆記用具		適宜	鉛筆、消しゴム、色鉛筆、マーカ等
電子式卓上計算機	電池式(太陽電池式含む)	1	関数電卓可(ただし、プログラム機能付きのものは不可)

注. 受検者が持参するものは、上表に掲げるものに限る。

なお、これらのうち、使用する必要がないと思われるものは持参しなくても差し支えない。

(2) 試験場に準備されているもの

(数量欄の数字は、受検者 1 人当たりの数量を示す)

品名	数量	備考
CAD 機器	1 式	CAD のハードウェア及びソフトウェアの付属操作解説書は含まない。
プロッタ(プリンタ)	10～20 名当たり 1	
作業台	1	事務用机等
脇机	1	作業台と一体型の場合もある。
記憶媒体 (部品図保存用)	1 (いずれかの媒体)	データの繰返し書き込みが可能な記憶媒体
出力用紙	1	

令和２年度 技能検定
２級 機械・プラント製図(機械製図 CAD 作業)
実技試験問題

課題図は、産業用の流体機器を尺度１：１で描いたものである。

次の注意事項及び仕様に従って、課題図中の本体①[材料 FC250]の図形を描き、寸法、寸法の許容限界、幾何公差、表面性状に関する指示事項等を記入し、部品図を作成しなさい。また、図面の出力用紙及び部品図データを提出しなさい。

1. 試験時間

4時間 （作業時間）

ただし、試験時間中に休憩時間を設けることとし、下表に示すとおり3回に時間を分けて実施すること。

1回目 作業時間	1回目 休憩時間	2回目 作業時間	2回目 休憩時間	3回目 作業時間
90分	10分	90分	10分	60分

2. 注意事項

(1) 技能検定委員の指示があるまで絶対に CAD 機器等には、触れないこと。

(2) 使用工具等は、「2級 機械・プラント製図(機械製図 CAD 作業)実技試験問題概要」の「実技試験使用工具等一覧表」で指定したもの以外のものは使用しないこと。

(3) 試験中は、工具等の貸し借りを禁止する。

(4) 試験時間中は、試験終了(休憩時間も含む)まで携帯電話、スマートフォン、ウェアラブル端末等の電源を切っておくこと。

(5) 支給された記憶媒体のラベル等に「氏名、受検番号、級別」を記入すること。

(6) 許可したフォルダ等(共有サーバや他のコンピュータ等を含む)以外へのアクセスは禁止とする。

(7) 次の事項に該当した場合は、失格となる。ただし、下記以外も失格となる場合がある。

イ．不正行為(ネットワークの不正利用、禁止されたフォルダ、共有サーバ、他のコンピュータ等へのアクセスを含む)を行った場合。

受検番号	氏名

(8) 受検者が使用したパソコンのアクセス状況は、ログとして記録する等アクセスの管理を行っている。

(9) 試験中は、用紙への出力を禁止する。

(10) 各作業時間中、作成している部品図データは、必要に応じて上書き保存してもよい。

(11) 部品図データ保存・提出については、指定された保存先に部品図最終データのみを保存するのではなく、部品図作成の途中経過が確認できるように、各作業時間ごと及び試験終了時すべてのデータを保存し、提出すること。

なお、各作業時間終了時に保存に要する時間は、作業時間に含めるものとする。

また、部品図データのファイル名は、以下のとおりとすること。

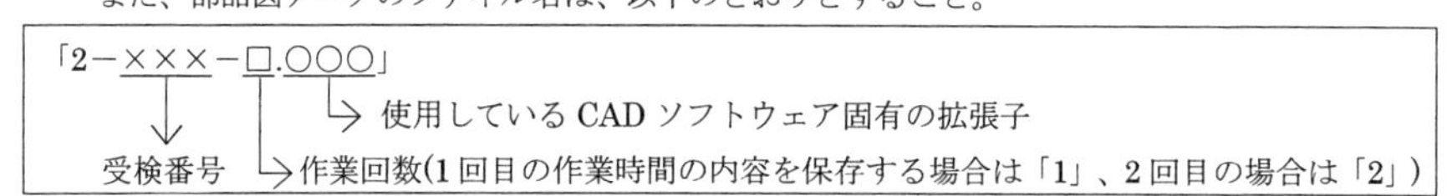

(12) 部品図の作成が終了し、保存した部品図データを提出する際には、記憶媒体に保存し、“書き込み禁止”等のプロテクトがある場合はプロテクト状態にして技能検定委員に提出すること。

なお、この時点以後は、作業を行うことはできない。

(13) 試験時間内に作業が終了した場合は、その旨を技能検定委員に対して申告し、指示に従うこと。

(14) CAD により作成した部品図は、技能検定委員の指示に従って、試験時間終了後、指定用紙に出力すること。

なお、出力に要する時間は、試験時間には含まない。

(15) ハードディスク内に作成したデータは、試験終了後、技能検定委員の指示に従って、すべて消去すること。

3. 仕様

3.1 部品図作成要領

(1) 製図は、日本産業規格(JIS)の令和 2 年 4 月 1 日時点での最新の規格によること。

ただし、JIS B 0401-1 及び JIS B 0401-2 については、JIS B 0401-1:1998 及び JIS B 0401-2:1998 を適用する。

また、JIS B 0420-1:2016、JIS B 0420-2:2020 及び JIS B 0420-3:2020 については適用しない。

(2) 解答用紙は、A2(420mm×594mm)の大きさとし、四周をそれぞれ 10mm あけて輪郭線を引き、四辺に中心マークを設けること。

(3) 解答用紙は、長辺を左右方向にして使用すること。

(4) 課題図の右下隅に記載されている表題欄と同じ寸法で表題欄を部品図の右下隅に設け、普通公差、受検番号、氏名、投影法及び尺度の欄に、それぞれの所要事項を記入すること。

(5) 図を描く場合、課題図に表れていない部分は、他から類推して描くこと。

(6) 断面の切り口を表すハッチング等は、施す必要がない。

(7) 普通公差が適用できない寸法の許容限界は、「公差域クラスの記号(寸法公差記号)」、「寸法許容差」又は「許容限界寸法」のいずれかによって記入すること。

(8) 課題図に寸法、寸法の許容限界及び公差域クラスの記号を示している場合は、そのままの値を部品図に用いること。

(9) 普通公差は、鋳造に関しては JIS B 0403 の鋳造公差等級 CT8、機械加工に関しては普通寸法公差は JIS B 0405 の中級(記号 m)、普通幾何公差は JIS B 0419 の公差等級 K とすること。

(10) 表面性状に関する指示事項は、次のとおりである。

JIS B 0031: 2003「製品の幾何特性仕様－表面性状の図示方法」の適用範囲は次によること。

イ. 表面性状は、1 個の粗さパラメータとその数値で表すこと。

ロ. 粗さパラメータは、算術平均粗さ Ra、最大高さ粗さ Rz、十点平均粗さ Rz_{JIS}、中心線平均粗さ Ra_{75} のいずれかを用いること。できる限り Ra を用いることが望ましい。

ハ. 16%ルール(標準ルール)を用いること。

ニ. 通過帯域、評価長さ、基準長さ及び各フィルタのカットオフ値は、すべて標準値を用いること。

ホ. パラメータの片側許容限界値の下限値及び両側許容限界値は用いないこと。

ヘ. 課題で指示された以外の加工方法の指示は行わないこと。

ト. 加工によって生じる筋目は指示しないこと。

チ. 表面性状の指示は、紙面の右上に鋳肌面の表面性状を一括して示し、その後ろの括弧の中に機械加工面に用いる表面性状を記入すること(大部分が同じ表面性状である場合の簡略指示)。

鋳肌面の表面性状は、除去加工の有無を問わない場合の表面性状の図示記号を用い、表面粗さのパラメータ及びその数値は Rz 200 とすること。

リ. 機械加工面の表面性状は、それぞれ図形に記入し、特に指示のない場合においては、粗さパラメータ及びその数値は、算術平均粗さで表したとき、Ra 25、Ra 6.3 及び Ra 1.6 のいずれかとすること。ただし、算術平均粗さ以外で表示するときは、上の数値に相当する値を用いること。

ヌ. 角隅の丸み及びかどの 45°面取りについては、表面性状の図示は行わなくてもよい。

(11) めねじ部の下穴深さについては、「↧」は用いずに、JIS B 0002-1「製図－ねじ及びねじ部品－第 1 部：通則」の「4.3 ねじ長さ及び止まり穴深さ」の図示表記によること。

(12) 対称図形でも、指示のない場合は、中心線から半分だけを描いたり、破断線などにより図を省略しないこと。

3.2　課題図の説明

課題図は、産業用の流体機器を尺度1：1で描いたものである。

主投影図は、A－Aの断面図で示している。

右側面図は、Bから見た外形図で示している。

左側面図は、Cから見た外形図で示している。

平面図は、Dから見た外形図で示している。

本体①は、材料FC250の鋳鉄品で、必要な部分は機械加工される。

流体は、図中㋐の部分からの圧縮空気の入・切で、ピストン軸⑤と弁体⑦の移動により、大フランジ㋑と2箇所の小フランジ㋒及び㋓を通して流れる。

②はカバー、③はばね支え、④はピストン、⑥は弁座、⑧はロックナット、⑨はばね、⑩はOリング、⑪、⑫はパッキン、⑬、⑭は取付ボルト、⑮は閉止プラグである。

3.3　指示事項

(1)　本体①の部品図は、第三角法により尺度1：1で描くこと。

(2)　本体①の部品図は、下図の配置で描くこと。

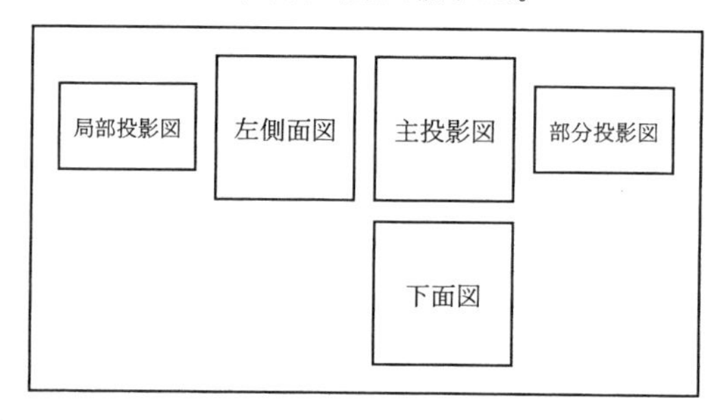

(3)　本体①の部品図は、主投影図、左側面図、下面図、部分投影図及び局部投影図とし、(2)の配置で下記a～jにより描くこと。

a. 主投影図は、課題図のA－Aの断面図とすること。

b. 左側面図は、課題図のCから見た外形図とし、中心線から左側は、断面の識別記号を用いて課題図のE－Eの断面図とすること。

c. 下面図は、課題図のFから見た外形図とし、対称図示記号を用いて中心線から下側のみを描くこと。

d. 部分投影図は、課題図のBから見た外形図とし、カバー②を取り付ける面（面取り線含む)及びねじに関して、対称図示記号を用いて中心線から右側のみを描くこと。

e. 局部投影図は、課題図のGから見た小フランジ㋒のねじに関して、対称図示記号を用いて中心線から左側のみを描くこと。

f. Oリング⑩用の面取り角度は30°とし、軸方向の面取り長さ寸法は2mmとすること。また、内径公差はH9とすること。

g. ねじ類は、下記によること。

イ．カバー②の取付ボルト⑬のねじは、メートル並目ねじ、呼び径 6mm である。これ用のめねじの下穴径は、4.97mm とすること。

ロ．ばね支え③の取付ボルト⑭のねじは、メートル並目ねじ、呼び径 6mm である。これ用のめねじの下穴径は、4.97mm とすること。

ハ. 大フランジ㋑の取付ボルト用のキリ穴は、直径 13mm とし、鋳肌面には直径 24mm、深さ 1mm のざぐりを施すこと。

ニ．小フランジ㋒及び㋓のねじは、メートル並目ねじ、呼び径 8mm である。

ホ．閉止プラグ⑮のねじは、管用テーパねじ呼び 1/8 である。これ用のねじ穴は、管用テーパめねじとすること。

h. 下記により幾何公差を指示すること。

イ．大フランジ㋑の取付面の平面度は、その公差域が 0.1mm 離れた平行二平面の間にあること。

ロ．弁座⑥の入る穴の軸線をデータムとし、ばね支え③の入る穴の軸線の同軸度は、その公差域が直径 0.2mm の円筒内にあること。

ハ. 弁座⑥の入る穴の軸線をデータムとし、ピストン軸⑤の入る穴の軸線の同軸度は、その公差域が直径 0.01mm の円筒内にあること。

i. 鋳造部の角隅の丸みは、R3についてのみ個々に記入せず、紙面の右上に「鋳造部の指示のない角隅の丸みはR3とする」と注記し、一括指示すること。

j. 小フランジ㋒及び㋓は形状、寸法及びねじも同一であるので課題図と同様に小フランジ㋒及び㋓を図示し、小フランジ㋓の近傍に「フランジ㋒と同一」と指示すること。

課題図は本書巻末に掲載しています。

令和２年度 技能検定
１級 機械・プラント製図(機械製図 CAD 作業)
実技試験問題概要

1. 試験実施日

令和３年１月 24 日(日)に全国一斉に行うものとする。

2. 試験時間

5 時間 （作業時間）

ただし、試験時間中に休憩時間を設けることとし、下表に示すとおり４回に時間を分けて実施すること。

1 回目 作業時間	1 回目 休憩時間	2 回目 作業時間	2 回目 休憩時間	3 回目 作業時間	3 回目 休憩時間	4 回目 作業時間
90 分	10 分	90 分	10 分	60 分	10 分	60 分

3. 問題の概要

実技試験問題(計算問題を含む)及び課題図(機械装置を組み立てた状態の図面)から、指定された部品図を CAD により作成するとともに、部品図データを保存・提出する。

4. 注意事項

(1) 試験問題及び課題図は、試験当日配付され、当日回収される。
(2) 使用工具等は、「6.実技試験使用工具等一覧表」で指定したもの以外のものは使用しないこと。
(3) 試験中は、工具等の貸し借りを禁止する。
(4) **この問題概要に書込みしたものを持ち込まないこと。また試験中に他の用紙にメモしたものや参考書等を参照することは禁止とする。**
(5) 試験時間中は、試験終了(休憩時間も含む)まで携帯電話、スマートフォン、ウェアラブル端末等の電源を切っておくこと。
(6) 許可したフォルダ等(共有サーバや他のコンピュータ等を含む)以外へのアクセスは禁止とする。
(7) 受検者が使用したパソコンのアクセス状況は、ログとして記録する等アクセスの管理を行っている。
(8) 線の太さの設定は、受検者が行うこと。
(9) 試験開始前に 30 分間の練習時間が与えられる。また、練習時間中に、線の太さ、線種、表面性状の図示記号、溶接記号等の設定及び登録作業を行ってもよい。ただし、用紙への出力操作はできない。
(10) 次の事項に該当した場合は、失格となる。ただし、下記以外も失格となる場合がある。

イ． 不正行為(ネットワークの不正利用、禁止されたフォルダ、共有サーバ、他のコンピュータ等へのアクセスを含む)を行った場合。

5. 指示事項

(1) 製図は、日本産業規格(JIS)の令和 2 年 4 月 1 日時点での最新の規格によること。ただし、下記の規格を用いてもよい。

JIS Z 3021:2010「溶接記号」　ただし、混用は認めない。

JIS B 0401-1 及び JIS B 0401-2 については、JIS B 0401-1:1998 及び JIS B 0401-2:1998 を適用する。また、JIS B 0420-1:2016、JIS B 0420-2:2020 及び JIS B 0420-3:2020 については適用しない。

(2) 解答用紙は、A1(594mm×841mm)の大きさとし、四周をそれぞれ 20mm あけて輪郭線を引き、四辺に中心マークを設けること。

(3) 解答用紙は、長辺を左右方向にして使用すること。

(4) 課題図の右下隅に記載されているとおり、普通公差、受検番号、氏名、投影法及び尺度の欄を部品図の右下隅に設け、それぞれの所要事項を記入すること。

(5) 図を描く場合、課題図に表れていない部分は、他から類推して描くこと。

(6) 断面の切り口を表すハッチング等は、施す必要がない。

(7) 普通公差が適用できない寸法の許容限界は、「公差域クラスの記号(寸法公差記号)」、「寸法許容差」又は「許容限界寸法」のいずれかによって記入すること。

(8) 課題図に寸法、寸法の許容限界及び公差域クラスの記号を示している場合は、そのままの値を部品図に用いること。

(9) 普通公差、普通寸法公差及び普通幾何公差は、試験問題に指示された値を用いること。

(10) 対称図形でも、指示のない場合は、中心線から半分だけを描いたり、破断線等により図を省略しないこと。

(11) 表面性状に関する指示事項は、次のとおりである。

a. JIS B 0031:2003「製品の幾何特性仕様－表面性状の図示方法」の適用範囲は次によること。

イ. 表面性状は、1 個の粗さパラメータとその数値で表すこと。

ロ. 粗さパラメータは、算術平均粗さ Ra、最大高さ粗さ Rz、十点平均粗さ Rz_{JIS}、中心線平均粗さ Ra_{75}のいずれかを用いること。できる限り Ra を用いることが望ましい。

ハ. 16%ルール(標準ルール)を用いること。

ニ. 通過帯域、評価長さ、基準長さ及び各フィルタのカットオフ値は、すべて標準値を用いること。

ホ. パラメータの片側許容限界値の下限値及び両側許容限界値は用いないこと。

へ. 課題で指示された以外の加工方法の指示は行わないこと。

ト. 加工によって生じる筋目は指示しないこと。

b. 表面性状に関する指示事項は、表面性状の図示記号と表面粗さのパラメータ及びその数値によって表すこと。

c. 表面性状に関する指示事項は、試験問題に指示された場所に大部分が同じ表面性状を一括して示し、その後ろの括弧の中に他の表面性状があることを示し、他の表面性状は図形に指示すること(大部分が同じ表面性状である場合の簡略指示)。

d. 角隅の丸み及びかどの45°面取りについては、表面性状の図示は行わなくてもよい。

(12) めねじ部の下穴深さについては、「↧」は用いずに、JIS B 0002-1「製図－ねじ及びねじ部品－第1部：通則」の「4.3 ねじ長さ及び止まり穴深さ」の図示表記によること。

(13) 溶接の指示がある場合は、課題図に記してあるとおりとし、溶接の種類、寸法等は溶接記号で指示すること。

(14) 部品図データの保存･提出について

部品図データは、最終データのみを保存するのではなく、部品図作成の途中経過が確認できるように、各作業時間ごと及び試験終了時すべてのデータを指定の方法により保存し、提出すること。

また、部品図データのファイル名は、「1－×××－□.○○○」とし、"－"はハイフン、"×××"は受検番号、"□"は作業回数(1回目作業を保存する場合は作業回数を1に、2回目作業を保存する場合は作業回数を2と入力すること)、"○○○"の拡張子は、CAD用ソフトウェア固有のものとすること。

(15) 部品図の作成が終了し、保存した部品図データを提出する際には、支給された記憶媒体に保存し、“書き込み禁止”等のプロテクトがある場合は、プロテクト状態にして、技能検定委員に提出すること。

(16) 試験終了後、技能検定委員の指示により、指定用紙に、作成した部品図を出力すること。この作業時間は、試験時間に含まれない。

なお、試験中、用紙への出力は禁止する。

6. 実技試験使用工具等一覧表

(1) 受検者が持参するもの

品名	寸法又は規格	数量	備考
ディバイダ		適宜	コンパスも可
三角定規		適宜	
スケール	メートル用	適宜	(現尺、縮尺 1:2 等)
分度器		適宜	
型板(テンプレート)		適宜	
マウスパッド		適宜	
筆記用具		適宜	鉛筆、消しゴム、色鉛筆、マーカ等
電子式卓上計算機	電池式(太陽電池式含む)	1	関数電卓可(ただし、プログラム機能付きのものは不可)

注. 受検者が持参するものは、上表に掲げるものに限る。

なお、これらのうち、使用する必要がないと思われるものは持参しなくても差し支えない。

(2) 試験場に準備されているもの

(数量欄の数字は、受検者 1 人当たりの数量を示す)

品名	数量	備考
CAD 機器	1 式	CAD のハードウェア及びソフトウェアの付属操作解説書は含まない。
プロッタ(プリンタ)	10～20 名当たり 1	
作業台	1	事務用机等
脇机	1	作業台と一体型の場合もある。
記憶媒体 (部品図保存用)	1 (いずれかの媒体)	データの繰返し書込みが可能な記憶媒体
出力用紙	1	

令和2年度 技能検定
1級 機械・プラント製図(機械製図 CAD 作業)
実技試験問題

課題図は、工作機械の送り部分を尺度 1 : 2 で描いたものである。

次の注意事項及び仕様に従って、課題図中の本体①((1-1) ～ (1-13) で構成されている鋼材[SS400]溶接組立品)及び作動軸⑧[S35C]の図形を描き、寸法、寸法の許容限界、幾何公差、表面性状に関する指示事項及び溶接記号等を記入し、部品図を作成しなさい。また、図面の出力用紙、部品図データを提出しなさい。

1. 試験時間

5時間 (作業時間)

ただし、試験時間中に休憩時間を設けることとし、下表に示すとおり4回に時間を分けて実施すること。

1 回目 作業時間	1 回目 休憩時間	2 回目 作業時間	2 回目 休憩時間	3 回目 作業時間	3 回目 休憩時間	4 回目 作業時間
90 分	10 分	90 分	10 分	60 分	10 分	60 分

2. 注意事項

(1) 技能検定委員の指示があるまで絶対に CAD 機器等には、触れないこと。

(2) 使用工具等は、「1 級 機械・プラント製図(機械製図 CAD 作業)実技試験問題概要」の「実技試験使用工具等一覧表」で指定したもの以外のものは使用しないこと。

(3) 試験中は、工具等の貸し借りを禁止する。

(4) 試験時間中は、試験終了(休憩時間も含む)まで携帯電話、スマートフォン、ウェアラブル端末等の電源を切っておくこと。

(5) 支給された記憶媒体のラベル等に「氏名、受検番号、級別」を記入すること。

(6) 許可したフォルダ等(共有サーバや他のコンピュータ等を含む)以外へのアクセスは禁止とする。

(7) 次の事項に該当した場合は、失格となる。ただし、下記以外も失格となる場合がある。

イ. 不正行為(ネットワークの不正利用、禁止されたフォルダ、共有サーバ、他のコンピュータ等へのアクセスを含む)を行った場合。

受検番号	氏名

(8) 受検者が使用したパソコンのアクセス状況は、ログとして記録する等アクセスの管理を行っている。

(9) 試験中は、用紙への出力を禁止する。

(10) 各作業時間中、作成している部品図データは、必要に応じて上書き保存してもよい。

(11) 部品図データ保存・提出については、指定された保存先に部品図最終データのみを保存するのではなく、部品図作成の途中経過が確認できるように、各作業時間ごと及び試験終了時すべてのデータを保存し、提出すること。

なお、各作業時間終了時に保存に要する時間は、作業時間に含めるものとする。

また、部品図データのファイル名は、以下のとおりとすること。

「1－×××－□.○○○」
↳ 使用している CAD ソフトウェア固有の拡張子
↓
受検番号 ↳作業回数(1 回目の作業時間の内容を保存する場合は「1」、2 回目の場合は「2」)

(12) 部品図の作成が終了し、保存した部品図データを提出する際には、記憶媒体に保存し、“書き込み禁止”等のプロテクトがある場合はプロテクト状態にして技能検定委員に提出すること。

なお、この時点以後は、作業を行うことはできない。

(13) 試験時間内に作業が終了した場合は、その旨を技能検定委員に対して申告し、指示に従うこと。

(14) CAD により作成した部品図は、技能検定委員の指示に従って、試験時間終了後、指定用紙に出力すること。

なお、出力に要する時間は、試験時間には含まない。

(15) ハードディスク内に作成したデータは、試験終了後、技能検定委員の指示に従って、すべて消去すること。

3. 仕様

3.1 部品図作成要領

(1) 製図は、日本産業規格(JIS)の令和 2 年 4 月 1 日時点での最新の規格によること。ただし、下記の規格を用いてもよい。

JIS Z 3021:2010「溶接記号」　ただし、混用は認めない。

JIS B 0401-1 及び JIS B 0401-2 については、JIS B 0401-1:1998 及び JIS B 0401-2:1998 を適用する。また、JIS B 0420-1:2016、JIS B 0420-2:2020 及び JIS B 0420-3:2020 については適用しない。

(2) 解答用紙は、A1(594mm×841mm)の大きさとし、四周をそれぞれ 20mm あけて輪郭線を引き、四辺に中心マークを設けること。

(3) 解答用紙は、長辺を左右方向にして使用すること。

(4) 課題図の右下隅に記載されている表題欄と同じ寸法で表題欄を部品図の右下隅に設け、普通公差、受検番号、氏名、投影法及び尺度の欄に、それぞれの所要事項を記入すること。

(5) 図を描く場合、課題図に表れていない部分は、他から類推して描くこと。

(6) 断面の切り口を表すハッチング等は、施す必要がない。

(7) 普通公差が適用できない寸法の許容限界は、「公差域クラスの記号(寸法公差記号)」、「寸法許容差」又は「許容限界寸法」のいずれかによって記入すること。

(8) 課題図に寸法、寸法の許容限界及び公差域クラスの記号を示している場合は、そのままの値を部品図に用いること。

(9) 普通公差は、①の板金加工に関しては JIS B 0417 の A 級、機械加工に関しては普通寸法公差は JIS B 0405 の中級(記号 m)、普通幾何公差は JIS B 0419 の公差等級 K とすること。

(10) 表面性状に関する指示事項は、次のとおりである。

JIS B 0031: 2003「製品の幾何特性仕様－表面性状の図示方法」の適用範囲は次によること。

イ．表面性状は、1 個の粗さパラメータとその数値で表すこと。

ロ．粗さパラメータは、算術平均粗さ Ra、最大高さ粗さ Rz、十点平均粗さ Rz_{JIS}、中心線平均粗さ Ra_{75}のいずれかを用いること。できる限り Ra を用いることが望ましい。

ハ．16%ルール(標準ルール)を用いること。

ニ．通過帯域、評価長さ、基準長さ及び各フィルタのカットオフ値は、すべて標準値を用いること。

ホ．パラメータの片側許容限界値の下限値及び両側許容限界値は用いないこと。

ヘ．課題で指示された以外の加工方法の指示は行わないこと。

ト．加工によって生じる筋目は指示しないこと。

チ．①の板金及び溶接面(黒皮面)の表面性状の指示は、①の照合番号の近辺に一括して示し、その後ろの括弧の中に機械加工面に用いる表面性状を記入すること(大部分が同じ表面性状である場合の簡略指示)。板金及び溶接面の表面性状は、除去加工の有無を問わない場合の表面性状の図示記号を用い、粗さパラメータ及びその数値は Rz 200 とすること。

リ．機械加工面の表面性状は、それぞれ図形に記入し、特に指示のない場合においては、粗さパラメータ及びその数値は、算術平均粗さで表したとき、Ra 25、Ra 6.3 及び Ra 1.6 のいずれかとすること。ただし、算術平均粗さ以外で表示するときは、上の数値に相当する値を用いること。

ヌ．角隅の丸み及びかどの 45°面取りについては、表面性状の図示は行わなくてもよい。

(11) めねじ部の下穴深さについては、「↧」は用いずに、JIS B 0002-1「製図－ねじ及びねじ部品－第 1 部：通則」の「4.3 ねじ長さ及び止まり穴深さ」の図示表記によること。

(12) 溶接の指示は、課題図に記してあるとおりとし、溶接の種類、寸法等は溶接記号で指示すること。

(13) 対称図形でも、指示のない場合は、中心線から半分だけを描いたり、破断線などにより図を省略しないこと。

3.2 課題図の説明

課題図は、工作機械の送り部分を尺度1：2で描いたものである。

主投影図は、課題図のA－Aの断面図で示している。

左側面図は、課題図のBから見た外形図で示している。

平面図は、課題図のDから見た外形図で、一部をE－Eの断面図で示している。

本体①は、鋼材「SS400」からなり、溶接組立後、焼きなましの上、機械加工されている。

作動軸⑧は、鋼材「S35C」で、焼きならし後、全面機械加工されている。

送り作動用の回転力は、入力軸②から、かさ歯車④、かさ歯車⑦、作動軸⑧及びはすば歯車⑨を介して伝達される。

③は軸受ホルダ、⑤、⑥は軸受押さえ、⑩は深溝玉軸受、⑪は閉止カバー、⑫、⑬はパッキン、⑭は転がり軸受用ロックナット、⑮は転がり軸受用座金、⑯は止め輪、⑰はOリング、⑱、⑲、⑳、㉑、㉒は取付ボルト、㉓は平行ピン、㉔は閉止プラグである。

3.3　指示事項

(1)　本体①及び作動軸⑧の部品図は、第三角法により尺度 1：2 で描くこと。

(2)　本体①及び作動軸⑧の部品図は、部品の照合番号を含めて下図の配置で描くこと。

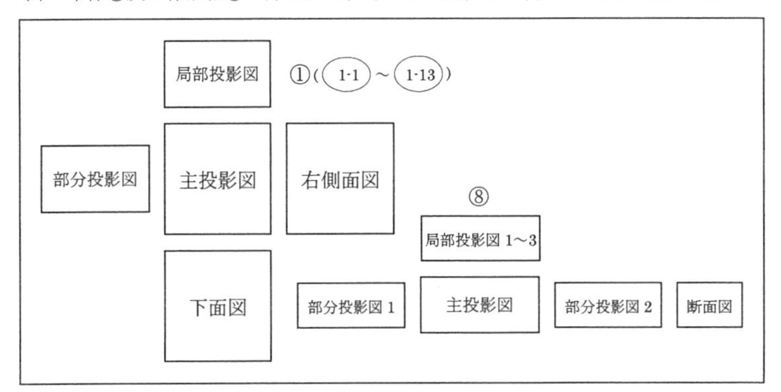

(3)　本体①の部品図は、主投影図、右側面図、下面図、部分投影図及び局部投影図とし、部材の照合番号を含めて(2)の配置で下記 a～l により描くこと。

a．主投影図は、課題図のA－Aの断面図とすること。

b．右側面図は、課題図のCから見た外形図とすること。

c．下面図は、課題図のFから見た外形図とすること。

d．部分投影図は、課題図のBから見た外形図とし、部材(1－2)、(1－3)、(1－6)、(1－8)及び(1－9)をかくれ線を含め描き、対称図示記号を用いて中心線から左側のみを描くこと。

e．局部投影図は、課題図のDから見た部材(1－7)のねじに関してのみ描き、対称図示記号を用いて中心線から上側のみを描くこと。

f．Oリング⑰用の溝部は、幅寸法は7.5mm、許容差は $^{+0.25}_{0}$ mm、溝底の径寸法は100mm、公差はh9とし、表面性状は全て*Ra* 3.2と指示すること。

g．Oリング⑰用の面取り角度は30°とし、軸方向の面取り長さ寸法は4mmとすること。

h．ねじ類は、下記によること。

イ．軸受カバー③の取付ボルト⑱のねじは、メートル並目ねじ、呼び径 8mm である。これ用のめねじの下穴径は、6.71mm とすること。

ロ．閉止カバー⑪の取付ボルト⑲のねじは、メートル並目ねじ、呼び径 8mm である。(溶接前加工)と追記すること。

ハ．軸受押さえ⑤の取付ボルト⑳のねじは、メートル並目ねじ、呼び径 10mm である。これ用のめねじの下穴径は、8.46mm とすること。

ニ．本体①の取付ボルト㉑の入るボルト用のキリ穴は、直径 18.5mm で、黒皮面には、直径 35mm、深さ 1mm のざぐりを施すこと。

ホ．本体①の位置決め用平行ピン㉓（対称 2 か所）は呼び径 10mm である。

この穴加工は、リーマ加工とし、(合わせ加工)と指示すること。

へ. 閉止プラグ㉔のねじは、管用テーパねじ呼び 1/2 である。これ用のねじ穴は、管用テーパめねじとすること。

i. 深溝玉軸受⑩の呼び外径は、直径80mmである。

j. 下記により幾何公差を指示すること。

イ. 軸受押さえ⑤の入る穴の軸線をデータムとし、深溝玉軸受⑩(左側)の入る穴の軸線の直角度は、その公差域が直径 0.02mm の円筒内にあること。

ロ. 深溝玉軸受⑩(左側)の入る穴の軸線をデータムとし、深溝玉軸受⑩(右側)の入る穴の軸線の同軸度は、その公差域が直径 0.02mm の円筒内にあること。

k. 課題図中のφa寸法の穴側の許容差は、$^{+0.15}_{+0.05}$ mmであり、はめあい部のすきまが0.25～0.5mmになるように軸側の許容差を計算し、記入すること。

l. 本体①を構成している各部材の照合番号((1−1) ～ (1−13))を図中に記入すること。

(4) 作動軸⑧の部品図は、主投影図、断面図、部分投影図 1、2 及び局部投影図 1～3 とし、(2)の配置で下記 a～k により描くこと。

a. 主投影図は、課題図のGから見た外形図とすること。

b. 断面図は、断面の識別記号を用いて、はすば歯車⑨のキー溝部の断面を描き、キー溝に関しては、キー溝幅12mm、溝幅公差はN9、キー溝の反対側の外径からキー溝底までの寸法は35mm、許容差は $^{\ 0}_{-0.2}$ mmとすること。

c. 部分投影図1は、Bから見た外形図とし、かさ歯車⑦の入る軸の形状までを描くこと。キー溝に関しては、キー溝幅12mm、溝幅公差はN9、キー溝の反対側の外径からキー溝底までの寸法は35mm、許容差は $^{\ 0}_{-0.2}$ mmとすること。

d. 部分投影図2は、Cから見た外形図とし、先端のねじ部の形状を描くこと。

e. 局部投影図1～3は、かさ歯車⑦とはすば歯車⑨のキー溝形状及び転がり軸受用座金⑮の溝形状に関して描くこと。

f. 止め輪⑯の入る溝底の径寸法は47mm、許容差は $^{\ 0}_{-0.25}$ mm、幅寸法は2.2mm、幅の許容差は $^{+0.14}_{\ 0}$ mmとすること。

g. 深溝玉軸受⑩(両側)部の公差は、m5とすること。

h. 軸の表面性状は、深溝玉軸受⑩(両側)とのはめあい部及びキー溝幅面はRa 1.6とし、かさ歯車⑦とはすば歯車⑨のはめあい部及び当たり面、深溝玉軸受⑩(両側)との当たり面、止め輪⑯の溝部及びキー溝底面はRa 6.3とすること。その他の部分の表面性状は、全てRa 12.5とし、照合番号の近辺に一括指示すること。

i. かさ歯車⑦の取付ボルト㉒のねじは、メートル並目ねじ、呼び径16mmである。これ用のめねじの下穴径は、13.9mmとすること。

j. 転がり軸受用ロックナット⑭のねじは、メートル細目ねじ、呼び径35mm、ピッチ1.5mmである。

k. 下記により幾何公差を指示すること。

イ. 深溝玉軸受⑩(左側)とのはめあい部の外径の円筒度は、その公差域が半径距離で0.01mm 離れた同軸の二つの円筒の間にあること。

ロ. 深溝玉軸受⑩(左側)とのはめあい部の軸線をデータムとし、深溝玉軸受⑩(右側)の入る軸線の同軸度は、その公差域が直径 0.02mm の円筒内にあること。

課題図は本書巻末に掲載しています。

機械・プラント製図

学科試験問題

令和2年度 技能検定

2級 機械・プラント製図 学科試験問題

(機械製図手書き作業)

(機械製図CAD作業)

1. 試験時間　1時間40分
2. 問題数　50題(A群25題、B群25題)
3. 注意事項

(1) 係員の指示があるまで、この表紙はあけないでください。

(2) 答案用紙(真偽法と多肢択一法の併用)に検定職種名、作業名、級別、受検番号、氏名を必ず記入してください。

(3) 係員の指示に従って、問題数を確かめてください。それらに異常がある場合は、黙って手を挙げてください。問題はA群(真偽法)とB群(多肢択一法)とに分かれています。

(4) 試験開始の合図で始めてください。

(5) 解答の方法(真偽法と多肢択一法の併用)は次のとおりです。

イ．A群の問題(真偽法)は、一つ一つの問題の内容が正しいか、誤っているかを判断して解答してください。

ロ．B群の問題(多肢択一法)は、正解と思うものを一つだけ選んで、解答してください。二つ以上に解答した場合は誤答となります。

ハ．答案用紙(マークシート用紙)へ解答する際は、答案用紙に記載されている注意事項に従ってください。

ニ．答案用紙の解答欄は、A群の問題とB群の問題とでは異なります。所定の解答欄に、試験問題の題数に応じて解答してください。解答欄はA群は50題まで、B群は25題まで解答できるようになっています。

(6) 電子式卓上計算機その他これと同等の機能を有するものは、使用してはいけません。

(7) 携帯電話、スマートフォン、ウェアラブル端末等は、使用してはいけません。

(8) 試験中、質問があるときは、黙って手を挙げてください。ただし、試験問題の内容、漢字の読み方等に関する質問にはお答えできません。

(9) 試験終了時刻前に解答ができあがった場合は、黙って手を挙げて、係員の指示に従ってください。

(10) 試験中に手洗いに立ちたいときは、黙って手を挙げて、係員の指示に従ってください。

(11) 試験終了の合図があったら、筆記用具を置き、係員の指示に従ってください。

［A群（真偽法）］

1 日本産業規格(JIS)の機械製図によれば、切断線は、細い二点鎖線で、端部及び方向の変わる部分を太くした線を用いる。

2 断面の切り口を示す目的で、細い実線で規則的に並べたものをハッチングという。

3 中車式コンパスとは、筆圧を保つために中心側と弧を描く側の中間に製図用紙に接する車があるコンパスのことをいう。

4 下図の相貫線は正しい。

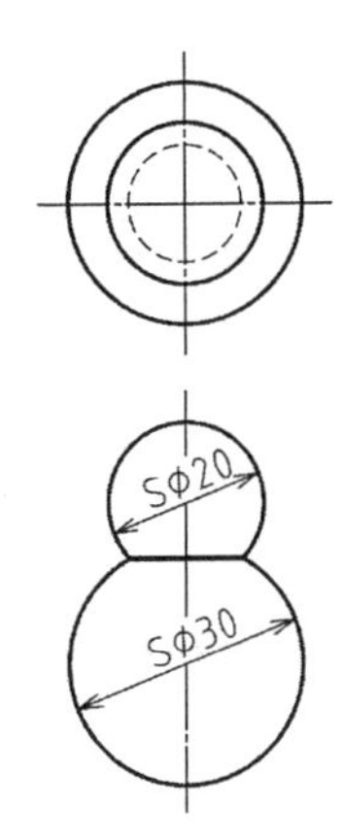

5 FCD600は、炭素含有率6%の球状黒鉛鋳鉄を表す。

6 製鋼によって得られた鋼塊は、脱酸の程度によりキルド鋼、セミキルド鋼、リムド鋼に分けられている。

7 炭素鋼の焼なましは、残留応力の除去、硬さの低減、結晶組織の調整等の目的で行われる熱処理方法である。

［A群（真偽法）］

8　軟鋼の引張り試験における応力－ひずみ曲線を示した下図において、下降伏点は図中のCである。

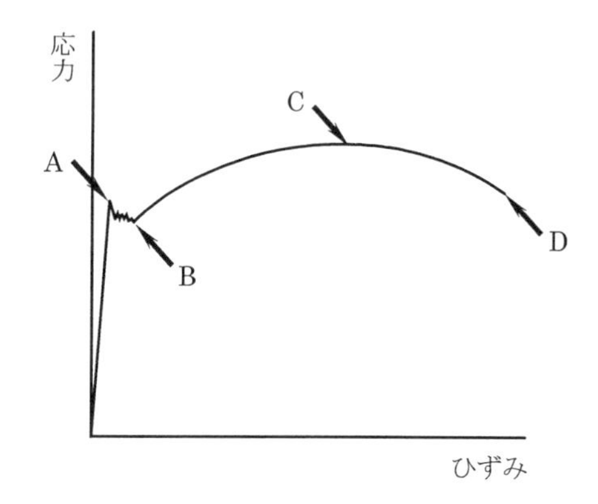

9　図Aのような長さℓの両端支持ばりが集中荷重Wを受けるときの曲げモーメント図は、図Bのようになる。

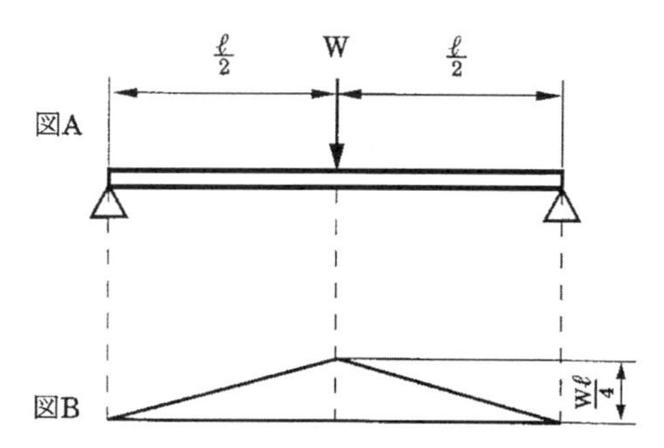

10　同じ材質の場合、外径100mm、内径70mmの中空軸と同じ最大ねじり応力となる中実軸の直径は、87mmである。

11　半径と板厚の等しい薄肉円筒と薄肉球かくとを比較すると、薄肉球かくのほうが薄肉円筒に比べて2倍の内圧に耐えられる。

12　両端固定の棒を加熱した場合、棒の内部に発生する熱応力は、棒の断面積に正比例する。

13　ティグ(TIG)溶接は、抵抗溶接の一種である。

［A群（真偽法）］

14　ロープを使用して、質量100kgの荷物を加速度0.2m/s²で吊り上げる場合、重力の加速度を9.8m/s²とすると、ロープの張力は、1000Nとなる。

15　下図の平面図形の図心Gは、a=20.0mmの位置にある。

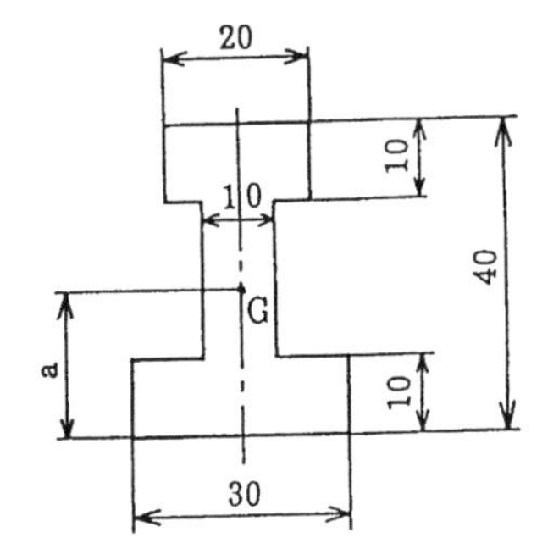

16　流体の流れにおいて、レイノルズ数がある値を超えると、流れは層流から乱流へと変化する。

17　銅と鋼を比較した場合、熱伝導率は、銅のほうが大きい。

18　同じ抵抗値の二つの電気抵抗を並列接続したときの合成抵抗は、直列接続したときの合成抵抗の4倍である。

19　電気めっきは、電流の磁気作用を応用したものである。

20　ステンレス鋼は、炭素鋼よりもさびにくい。

21　日本産業規格(JIS)によれば、ばねの形状だけを簡略に表す場合は、ばね材料の中心線だけを太い実線で書く。

22　回転図示断面図の図示方法で、下図のように図形内の切断箇所に重ねる場合は細い二点鎖線を用いる。

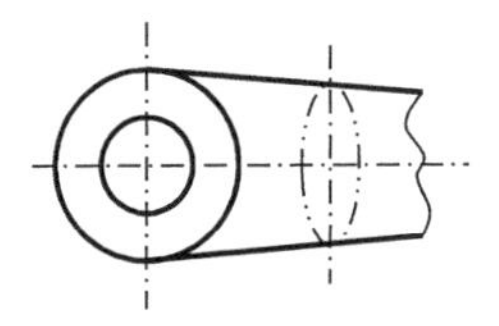

［A群（真偽法）］

23　ねじの種類を表す記号Rpは、管用テーパねじの平行めねじを表す。

24　半月キーは、沈みキーに比べて大きなトルクを伝達することができる。

25　日本産業規格(JIS)で規定されているこう配キーのこう配は、1/50である。

［B群（多肢択一法）］

1　文中の(　　)内に当てはまる語句として、適切なものはどれか。

　対象物の面の一部に特殊な加工を施す必要がある場合には、その範囲を、外形線に平行にわずかに離して引いた(　　)で表す。

イ　極太の一点鎖線

ロ　極太の二点鎖線

ハ　太い一点鎖線

ニ　太い二点鎖線

2　下図のうち、キー溝の深さの図示方法として、誤っているものはどれか。

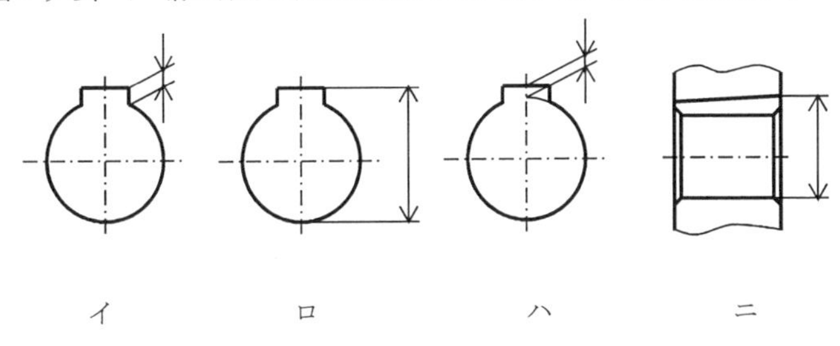

イ　　ロ　　ハ　　ニ

3　幾何公差の図示方法における、平面度公差の公差域に関する記述として、正しいものはどれか。

イ　直方体の中の領域を用いる。

ロ　平行二直線の間に挟まれた領域を用いる。

ハ　円の中の領域を用いる。

ニ　平行二平面の間に挟まれた領域を用いる。

4　日本産業規格(JIS)の機械製図によれば、2種類以上の線が同じ場所に重なる場合の優先順位の高い順に並んでいるものはどれか。

イ　外形線　→　かくれ線　→　切断線　→　中心線

ロ　外形線　→　切断線　→　中心線　→　かくれ線

ハ　外形線　→　切断線　→　かくれ線　→　中心線

ニ　外形線　→　かくれ線　→　中心線　→　切断線

5　穴と軸のはめあいにおいて、すきまばめになるものはどれか。

イ　φ100H7/k6

ロ　φ100H7/h6

ハ　φ100H7/u6

ニ　φ100H7/p6

［B群（多肢択一法）］

6　下図に指示している断面図のうち、キリ穴部の図示として、最も適切なものはどれか。

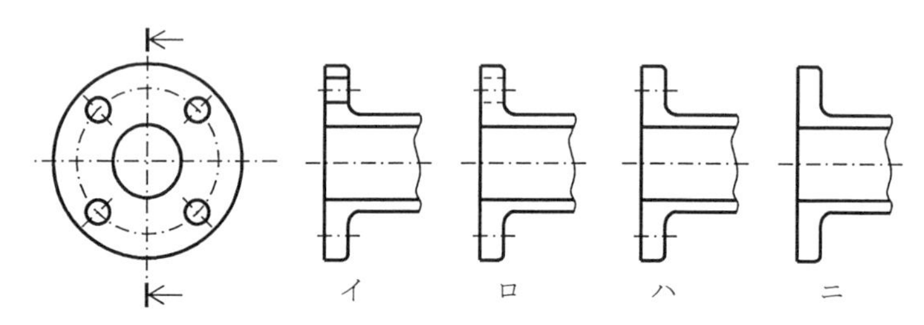

7　日本産業規格(JIS)の製品の幾何特性仕様(GPS)によれば、公差記入枠への記入方法として、正しいものはどれか。ただし、Aはデータム文字記号とする。

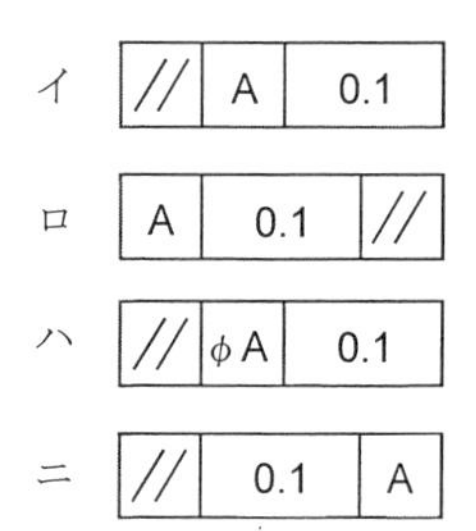

8　幾何公差のうち、位置公差でないものはどれか。

イ　同軸度公差
ロ　対称度公差
ハ　平行度公差
ニ　位置度公差

9　転がり軸受の動定格荷重は、基本定格寿命(90%寿命)がどの回転のときか。

イ　1×10^{6}回転
ロ　2×10^{6}回転
ハ　1×10^{7}回転
ニ　2×10^{7}回転

［B群（多肢択一法）］

10　次の図の玉軸受のうち、入れ溝付きはどれか。

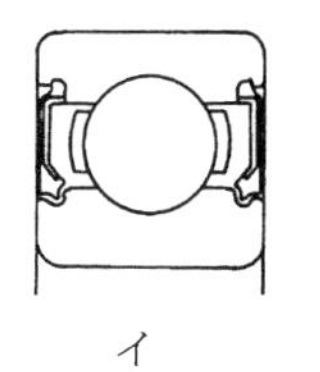
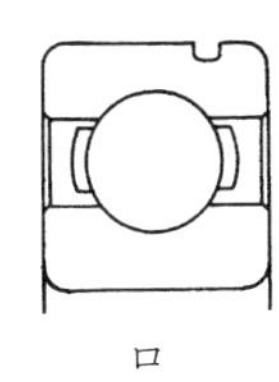
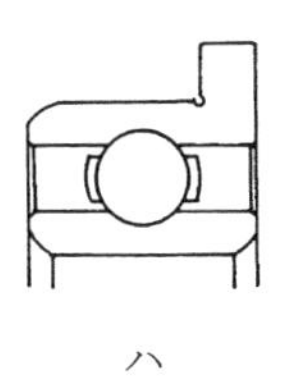
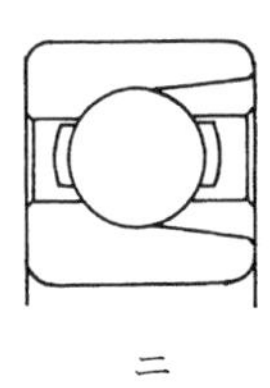

イ　ロ　ハ　ニ

11　深溝玉軸受の呼び番号6005、6205及び6305に関する記述として、正しいものはどれか。

イ　外径はすべて同じである。
ロ　6005の外径が最も大きい。
ハ　6205の外径が最も大きい。
ニ　6305の外径が最も大きい。

12　次に示すナットの種類のうち、日本産業規格(JIS)で規定されていないものはどれか。

イ　溝付き六角ナット
ロ　六角穴付きナット
ハ　T溝ナット
ニ　アイナット

13　次の軸継手のうち、最も大きな心ずれ(偏心)で使用できるものはどれか。

イ　ローラチェーン軸継手
ロ　ダイヤフラム形軸継手
ハ　オルダム軸継手
ニ　歯車形軸継手

14　日本産業規格(JIS)のキー及びキー溝に規定されている、キー本体の幅(伝達力を受ける面間)の許容差はどれか。

イ　m 7
ロ　h 9
ハ　f 10
ニ　e 11

15　次の標準平歯車のうち、歯先円直径が一番大きいものはどれか。ただし、歯形は並歯とする。

イ　モジュール1mmで歯数60枚の標準平歯車
ロ　モジュール2mmで歯数30枚の標準平歯車
ハ　モジュール3mmで歯数20枚の標準平歯車
ニ　モジュール4mmで歯数15枚の標準平歯車

［B群（多肢択一法）］

16　鋳造作業において、肉の厚い部分に施すものはどれか。

イ　心金
ロ　冷し金
ハ　湯道
ニ　湯口

17　けがき作業に用いない工具はどれか。

イ　ハイトゲージ
ロ　トースカン
ハ　コンパス
ニ　きさげ

18　軸の端面と外径面の同時研削加工の量産に最適な研削盤はどれか。

イ　汎用円筒研削盤
ロ　NCアンギュラ円筒研削盤
ハ　NC平面研削盤
ニ　汎用平面研削盤

19　平歯車の歯厚の測定法ではないものはどれか。

イ　またぎ歯厚法
ロ　オーバピン(玉)法
ハ　三針法
ニ　弦歯厚法

20　文中の(　　)内に当てはまる語句として、適切なものはどれか。

うず巻きポンプは、羽根車の回転による(　　)の働きで、水に圧力を与え揚水する。

イ　摩擦力
ロ　重力
ハ　遠心力
ニ　揚力

21　断面が一様な棒状の導体に長手方向に電流を流したときの電気抵抗として、正しいものはどれか。ただし、R：電気抵抗(Ω)、A：導体の断面積(m^2)、ℓ：導体の長さ(m)、σ：導体の導電率(S/m)とする。

イ　$R = A\ell / \sigma$
ロ　$R = A / (\ell \sigma)$
ハ　$R = \ell / (A \sigma)$
ニ　$R = A \sigma / \ell$

［B群（多肢択一法）］

22　それぞれの静電容量が、C_1、C_2、C_3のコンデンサを直列に接続したとき、合成静電容量Cとして、正しいものはどれか。

イ　$C=\dfrac{1}{C_1+C_2+C_3}$

ロ　$C=C_1+C_2+C_3$

ハ　$C=\dfrac{1}{\dfrac{1}{C_1}+\dfrac{1}{C_2}+\dfrac{1}{C_3}}$

ニ　$C=\dfrac{1}{C_1}+\dfrac{1}{C_2}+\dfrac{1}{C_3}$

23　日本産業規格(JIS)のCAD用語で定義されている次の文中において、(　　)内に当てはまるものはどれか。

集合演算とは、形状を点集合としてとらえ、その集合の(　　)によって新たな形状を生成する操作である。

イ　和、積、差
ロ　和、差、除
ハ　差、積、除
ニ　和、積、除

24　日本産業規格(JIS)によれば、次のCAD操作のうち、形状の一部を削って修正する操作はどれか。

イ　ストレッチ
ロ　トリミング
ハ　ミラー
ニ　コピー

25　CADにおいて、三次元形状の画像を写実的に表現するために、面の傾き、光源の位置などを考慮して、面の見掛けの色や明るさを決定する操作として、適切なものはどれか。

イ　隠面消去
ロ　干渉チェック
ハ　シェーディング
ニ　パラメトリックデザイン

令和元年度 技能検定

2級 機械・プラント製図 学科試験問題

(機械製図手書き作業)

(機械製図 CAD 作業)

1. 試験時間　1時間40分
2. 問題数　50題(A群25題、B群25題)
3. 注意事項

(1)　係員の指示があるまで、この表紙はあけないでください。

(2)　答案用紙(真偽法と多肢択一法の併用)に検定職種名、作業名、級別、受検番号、氏名を必ず記入してください。

(3)　係員の指示に従って、問題数を確かめてください。それらに異常がある場合は、黙って手を挙げてください。問題はA群(真偽法)とB群(多肢択一法)とに分かれています。

(4)　試験開始の合図で始めてください。

(5)　解答の方法(真偽法と多肢択一法の併用)は次のとおりです。

イ.　A群の問題(真偽法)は、一つ一つの問題の内容が正しいか、誤っているかを判断して解答してください。

ロ.　B群の問題(多肢択一法)は、正解と思うものを一つだけ選んで、解答してください。二つ以上に解答した場合は誤答となります。

ハ.　答案用紙(マークシート用紙)へ解答する際は、答案用紙に記載されている注意事項に従ってください。

ニ.　答案用紙の解答欄は、A群の問題とB群の問題とでは異なります。所定の解答欄に、試験問題の題数に応じて解答してください。解答欄はA群は50題まで、B群は25題まで解答できるようになっています。

(6)　電子式卓上計算機その他これと同等の機能を有するものは、使用してはいけません。

(7)　携帯電話等は、使用してはいけません。

(8)　試験中、質問があるときは、黙って手を挙げてください。ただし、試験問題の内容、漢字の読み方等に関する質問にはお答えできません。

(9)　試験終了時刻前に解答ができあがった場合は、黙って手を挙げて、係員の指示に従ってください。

(10)　試験中に手洗いに立ちたいときは、黙って手を挙げて、係員の指示に従ってください。

(11)　試験終了の合図があったら、筆記用具を置き、係員の指示に従ってください。

[A群(真偽法)]

1　ハッチングとは、断面図の切り口を色鉛筆等で塗りつぶすことをいう。

2　日本工業規格(JIS)の機械製図によれば、破断線には、不規則な波形の細い実線又はジグザグ線を用いる。

3　雲形定規とは、いろいろな曲線のつながりでできた板状の曲線用定規のことである。

4　下図のような第三角法で描かれている不規則な五面体において、図の稜(りょう)線aの実長は、稜(りょう)線a'である。

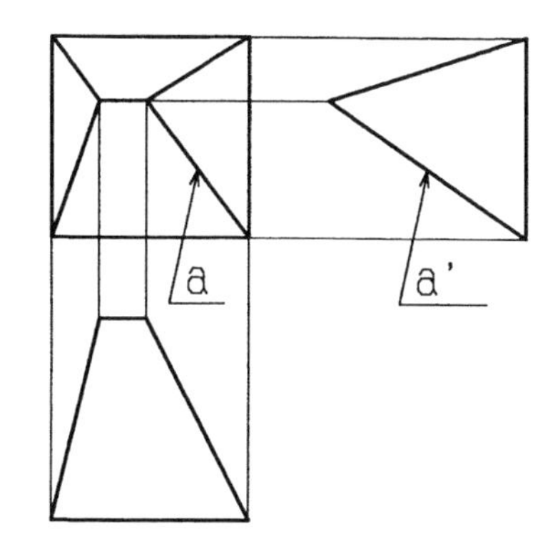

5　青銅は、銅と亜鉛の合金である。

6　アルミニウムの比重は、鉄の約1／5である。

7　焼戻しとは、オーステナイト化温度から急冷して硬化させる操作をいう。

8　大きさと向きが周期的に変わる荷重を交番荷重という。

9　図Aのような力Fのかかったはりのせん断力図は、図Bのようになる。

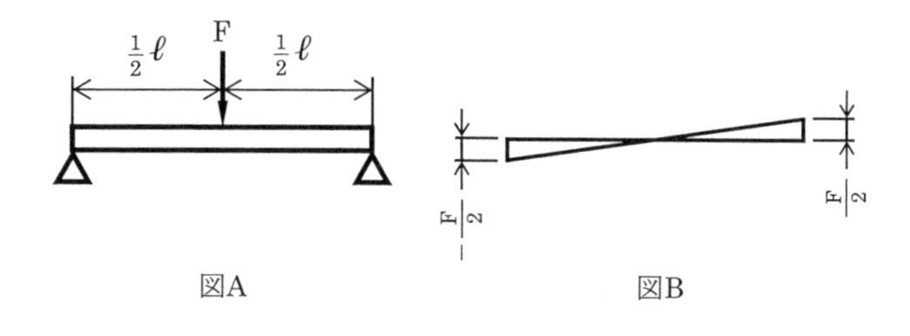

図A　　図B

[A群(真偽法)]

10　下図は、はりの断面を表している。このときのX－X軸に関する断面二次モーメントは、図Aと図Bとで同じである。

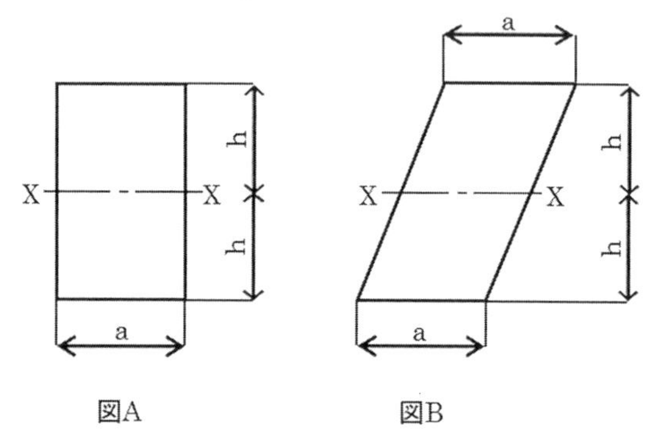

図A　　図B

11　半径と板厚の等しい薄肉円筒と薄肉球かくでは、球かくのほうが円筒に比べ4倍の内圧に耐えられる。

12　両端を固定した剛体に生じる熱応力は、温度変化(最終温度－初温度)に反比例する。

13　スポット溶接は、電気抵抗溶接の一種である。

14　下図の平面図形の図心Gは、a=12.5mmの位置にある。

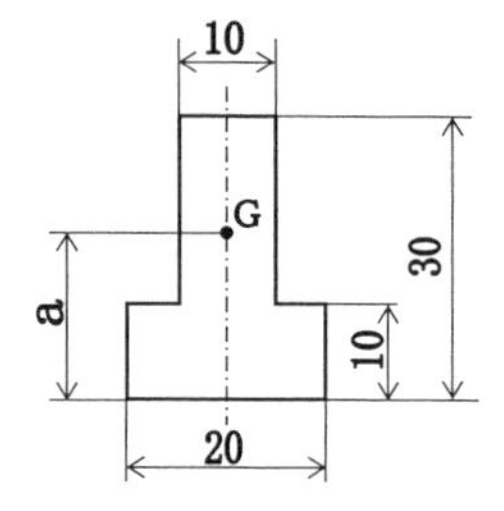

15　速さ10m/sで進んでいた物体が一定の加速度で速さを増し、2秒後に18m/sの速さとなった。このときの物体の加速度は、$3m/s^2$である。

16　固体の線膨張係数とは、固体の長さが単位当りの温度変化に対して変化する割合を示すものである。

17　温度の単位K(ケルビン)は、熱力学温度の単位で、273.15 K＝0℃である。

［A群(真偽法)］

18　同じ静電容量を持つ2個のコンデンサを直列に接続すると、その合成静電容量は、1つのコンデンサの静電容量よりも減少する。

19　無電解めっき(化学めっき)では、プラスチックやセラミックにめっきができる。

20　金属製品の表面を酸で洗ってもさびは落ちない。

21　ねじの種類を表す記号Rpは、管用テーパめねじを表す。

22　日本工業規格(JIS)の歯車製図によれば、歯車の軸に直角な方向から見た全断面図に、歯底を図示する場合は、太い実線を用いる。

23　図面に記入されている寸法の中で、(　　)内に記入された寸法数値を用いて部品加工をしてもよい。

24　平行軸でかみ合う一対のはすば歯車対において、ねじれ方向はお互いに逆である。

25　内径番号20の転がり軸受の呼び軸受内径寸法は、100mmである。

[B群(多肢択一法)]

1　文中の(　　)内に当てはまる語句として、正しいものはどれか。
日本工業規格(JIS)の歯車製図によれば、主投影図を断面で図示するときは、外はすば歯車の歯すじ方向は、紙面から手前の歯の歯すじ方向を(　　)で表す。
イ　3本の細い実線
ロ　3本の細い破線
ハ　3本の細い一点鎖線
ニ　3本の細い二点鎖線

2　幾何公差の種類と特性に関する記述として、正しいものはどれか。
イ　位置度、真直度、平面度及び真円度は、位置公差である。
ロ　位置度、同軸度、同心度及び対称度は、位置公差である。
ハ　位置度、平行度、直角度及び傾斜度は、位置公差である。
ニ　位置度、円筒度、対称度及び輪郭度は、位置公差である。

3　超硬合金球の圧子を試験片表面に押し込み、その試験力を解除した後、表面に残ったくぼみの直径から算出する硬さ試験方法はどれか。
イ　ブリネル硬さ試験
ロ　ビッカース硬さ試験
ハ　ロックウェル硬さ試験
ニ　ショア硬さ試験

4　平歯車及びはすば歯車を外形図で描くとき、軸に直角な方向から見た図を断面で図示するときを除き、歯底円を表す線の種類として、正しいものはどれか。
イ　太い実線
ロ　細い又は太い破線
ハ　細い二点鎖線
ニ　細い実線

5　図面に用いる細い一点鎖線に関する記述として、誤っているものはどれか。
イ　図形の中心を表すのに用いる。
ロ　特に位置決定のよりどころであることを明示するのに用いる。
ハ　加工前又は加工後の形状を表すのに用いる。
ニ　繰返し図形のピッチをとる基準を表すのに用いる。

6　日本工業規格(JIS)の機械製図によれば、製図に用いる推奨尺度ではないものはどれか。
イ　1：2
ロ　1：5
ハ　2：1
ニ　3：1

[B群(多肢択一法)]

7　下図の記号のうち、幾何特性を表す記号ではないものはどれか。

8　文中の(　　)内に入る語句として、適切なものはどれか。
標準平歯車の基準円直径が120mmで、歯数が40枚である場合の歯車のモジュールは、(　　)である。

イ　2.75mm
ロ　3mm
ハ　3.25mm
ニ　4mm

9　次のうち、最も大きなトルクを伝達するのに適するキーはどれか。

イ　接線キー
ロ　打込キー
ハ　半月キー
ニ　平行キー

10　一般的なラックの使い方に関する記述として、正しいものはどれか。

イ　ピニオンとかみ合わせて回転運動を直線運動に変える。
ロ　はすば歯車とかみ合わせて食違い軸間の回転運動伝達をする。
ハ　平歯車とかみ合わせて平行軸間の回転運動伝達をする。
ニ　かさ歯車とかみ合わせて直角軸間の回転運動伝達をする。

11　M45×1.5－6Hと表記されたねじの呼び方として、正しいものはどれか。

イ　メートル並目ねじ、めねじの等級6H
ロ　メートル細目ねじ、おねじの等級6H
ハ　メートル細目ねじ、めねじの等級6H
ニ　メートル並目ねじ、おねじの等級6H

12　次の深溝玉軸受のうち、輪溝付きはどれか。

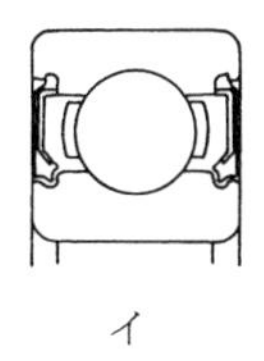

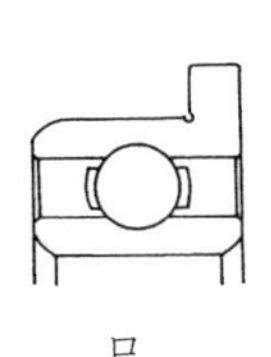

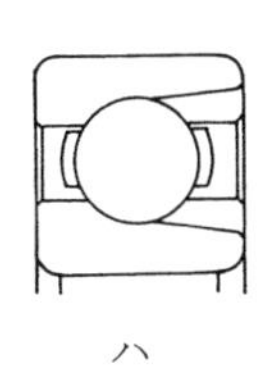

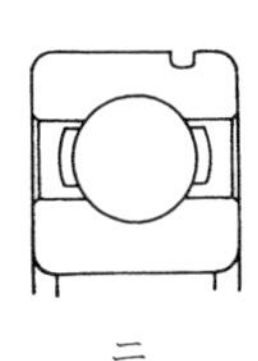

[B群(多肢択一法)]

13　下図の自在軸継手を介した軸の組合せにおいて、入出力軸の等速性が確保されるものはどれか。

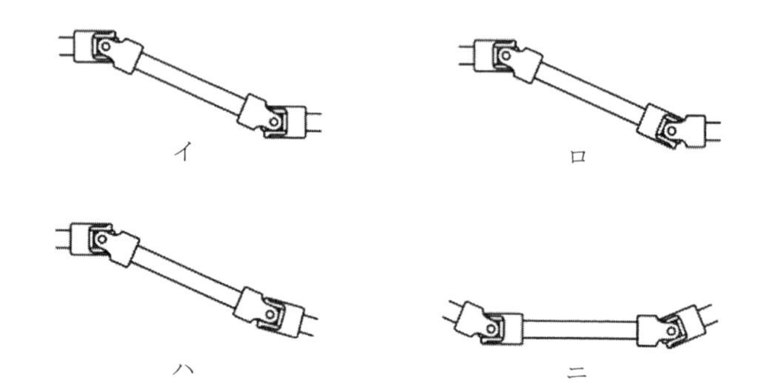

14　次のインボリュート円筒歯車のうち、歯先円直径が一番大きいものはどれか。ただし、歯形は並歯とする。

イ　モジュール2mmで歯数30枚の標準平歯車

ロ　モジュール4mmで歯数15枚の標準平歯車

ハ　モジュール2mmで歯数30枚の標準はすば歯車(ねじれ角22.5°)

ニ　モジュール4mmで歯数15枚の標準はすば歯車(ねじれ角22.5°)

15　半月キーに関する記述として、誤っているものはどれか。

イ　円筒軸と円すい軸の両方に用いることができる。

ロ　キーが自動的に軸のキー溝と穴のキー溝に落ち着く。

ハ　同じ軸に使用される平行キーのキー溝に比べ、軸のキー溝が浅い。

ニ　丸底と平底の2種類の形状がある。

16　塑性加工ではない加工法はどれか。

イ　鋳造

ロ　鍛造

ハ　圧延

ニ　引抜き

17　図に示すプレス作業で打ち抜いた円板(中央部を断面した図)の中で、A部の名称について、正しいものはどれか。

イ　かえり(ばり)

ロ　破断面

ハ　せん断面

ニ　だれ

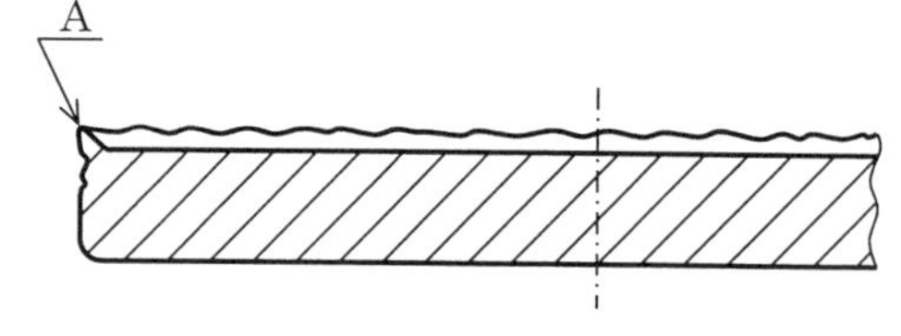

［B群(多肢択一法)］

18　汎用旋盤において、三つ爪スクロールチャックに材料を直接くわえた場合に、加工できないものはどれか。

イ　偏心軸加工
ロ　転造ローレット加工
ハ　ねじ切り
ニ　テーパ削り

19　ノギスで測定できないものはどれか。

イ　外径
ロ　内径
ハ　角度
ニ　深さ

20　2サイクルエンジンでは、吸入・圧縮・燃焼・排気の1サイクルを完了する時に、クランクシャフトは何回転するか。

イ　1回転
ロ　2回転
ハ　3回転
ニ　4回転

21　6極で、すべり率10%の三相誘導電動機を50Hzの電源に接続した場合の回転速度はいくらか。

イ　720 min^{-1}
ロ　900 min^{-1}
ハ　1080 min^{-1}
ニ　1200 min^{-1}

22　10Ωと15Ωの抵抗を直列接続した場合と、並列接続した場合の合成抵抗として、正しいものはどれか。

イ　直列： 6Ω　並列：25Ω
ロ　直列：25Ω　並列： 6Ω
ハ　直列： 6Ω　並列： 6Ω
ニ　直列：25Ω　並列：25Ω

23　VDT作業における労働衛生管理のためのガイドラインによるグレア防止に関する記述として、誤っているものはどれか。

イ　高輝度の直接照明器具を使用すること。
ロ　ディスプレイ画面の位置、前後の傾き、左右の向き等を調整させること。
ハ　反射防止型ディスプレイを用いること。
ニ　間接照明等のグレア防止用照明器具を用いること。

[B群(多肢択一法)]

24　CAD作業において、与えられた線に対して一定の隔たりをもつ線、又は与えられた面に対して一定の隔たりをもつ面を作る操作はどれか。

イ　コピー

ロ　トリミング

ハ　ミラー

ニ　オフセット

25　CADにおける三次元形状の表示に用いる処理として、誤っているものはどれか。

イ　シェーディング

ロ　付影処理

ハ　隠れ線消去

ニ　トリミング

平成 30 年度 技能検定
2級 機械・プラント製図 学科試験問題
(機械製図手書き作業)
(機械製図 CAD 作業)

1. 試験時間　1時間 40 分
2. 問題数　50 題(A 群 25 題、B 群 25 題)
3. 注意事項

(1) 係員の指示があるまで、この表紙はあけないでください。

(2) 答案用紙(真偽法と多肢択一法の併用)に検定職種名、作業名、級別、受検番号、氏名を必ず記入してください。

(3) 係員の指示に従って、問題数を確かめてください。それらに異常がある場合は、黙って手を挙げてください。問題は A 群(真偽法)と B 群(多肢択一法)とに分かれています。

(4) 試験開始の合図で始めてください。

(5) 解答の方法(真偽法と多肢択一法の併用)は次のとおりです。

イ. A 群の問題(真偽法)は、一つ一つの問題の内容が正しいか、誤っているかを判断して解答してください。

ロ. B 群の問題(多肢択一法)は、正解と思うものを一つだけ選んで、解答してください。二つ以上に解答した場合は誤答となります。

ハ. 答案用紙(マークシート用紙)へ解答する際は、答案用紙に記載されている注意事項に従ってください。

ニ. 答案用紙の解答欄は、A 群の問題と B 群の問題とでは異なります。所定の解答欄に、試験問題の題数に応じて解答してください。解答欄は A 群は 50 題まで、B 群は 25 題まで解答できるようになっています。

(6) 電子式卓上計算機その他これと同等の機能を有するものは、使用してはいけません。

(7) 携帯電話等は、使用してはいけません。

(8) 試験中、質問があるときは、黙って手を挙げてください。ただし、試験問題の内容、漢字の読み方等に関する質問にはお答えできません。

(9) 試験終了時刻前に解答ができあがった場合は、黙って手を挙げて、係員の指示に従ってください。

(10) 試験中に手洗いに立ちたいときは、黙って手を挙げて、係員の指示に従ってください。

(11) 試験終了の合図があったら、筆記用具を置き、係員の指示に従ってください。

[A群(真偽法)]

1　断面の切り口を示す目的で、細い実線で規則的に並べたものをハッチングという。

2　日本工業規格(JIS)の材料記号によれば、SS400は、炭素含有量0.4%の一般構造用圧延鋼材を表す。

3　三角スケールとは、断面が三角形で、3種類の尺度の目盛りを持つスケールのことである。

4　下図の相貫線は正しい。

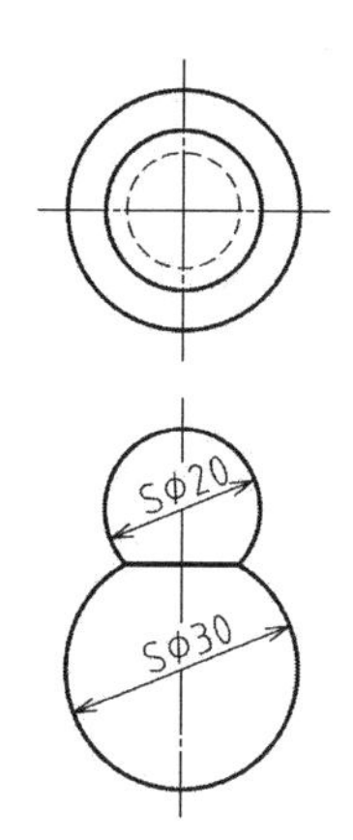

5　製鋼によって得られた鋼塊は、脱酸の程度によりキルド鋼、セミキルド鋼、リムド鋼に分けられている。

6　銅は、アルミニウムよりも熱膨張係数が大きい。

7　高周波焼入れは、鋼材の中心部から表面までを同じように硬化させる熱処理方法である。

8　一辺5cm角の棒鋼の軸方向に73500Nの引張荷重がかかったとき、棒に生じる引張応力は、2940MPaである。

［A群(真偽法)］

9　図Aのような片持ちばりのせん断力図は、図Bのようになる。

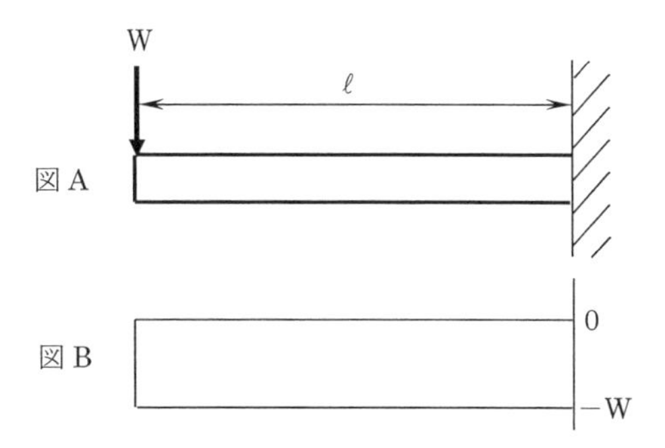

10　下図に示す断面の断面係数は、次のとおりである。

断面係数$=\frac{bh^2}{6}$

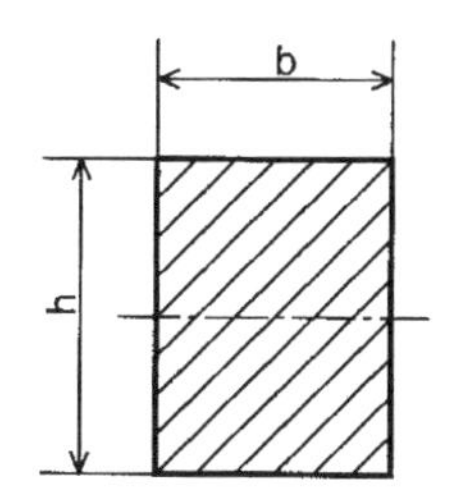

11　内圧を受ける厚さが一様な薄肉円筒の破壊は、下図のBよりもAの箇所で生じる。

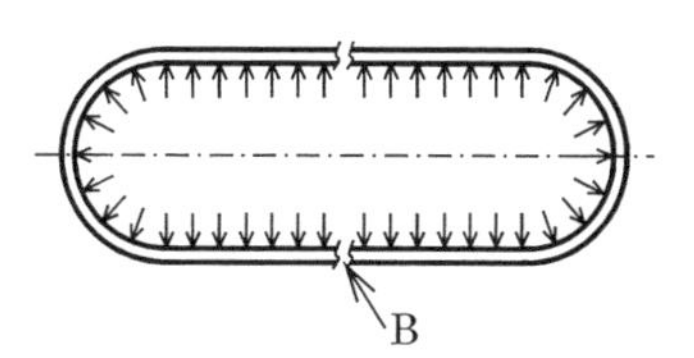

12　両端固定の棒を加熱した場合、棒の内部に発生する熱応力は、棒の断面積に正比例する。

13　厚板の溶接には、一般に、ガス溶接よりもアーク溶接のほうが適している。

14　ロープを使用して、質量100kgの荷物を加速度$0.2m/s^2$で吊り上げる場合、重力の加速度を$9.8m/s^2$とすると、ロープの張力は、960Nとなる。

［A群(真偽法)］

15　10m/sの速度で進んでいた物体が、2秒後に19m/sの速度になった場合、この物体の平均加速度は、4.5m/s²である。

16　管の流体摩擦損失は、径が大きくなるほど小さくなる。

17　比熱とは、物質1gの温度を0.1K(℃)上昇させるために必要な熱量のことである。

18　導体の電気抵抗は、導体の断面積に正比例し、長さに反比例する。

19　無電解めっき(化学めっき)では、プラスチックやセラミックにめっきができない。

20　一般に、アルミニウムは、空気中において、表面に薄い酸化皮膜ができることにより、腐食しにくくなる。

21　「10キリ ↧ 30」と指示された傾斜している穴の深さは、下図のイである。

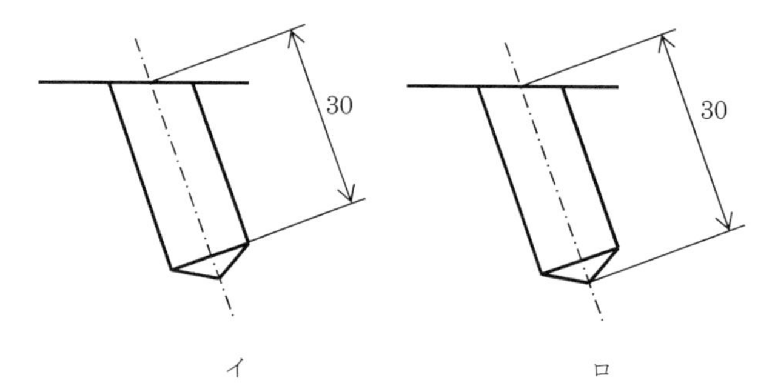

22　回転図示断面図の図示方法は、下図のように細い二点鎖線を用いる。

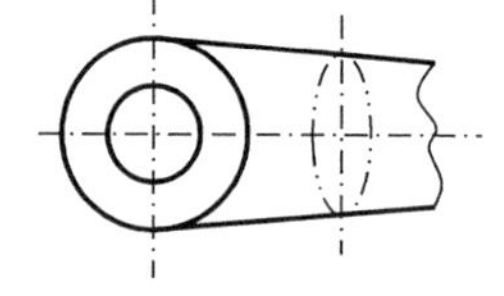

23　日本工業規格(JIS)によれば、ばねの形状だけを簡略に表す場合は、ばね材料の中心線だけを太い実線で描く。

24　半月キーは、沈みキーに比べて大きなトルクを伝達することができる。

[A群(真偽法)]

25　下図の水平方向に並んだ二つの軸の間をチェーン伝動する場合、一般に、上を張り側に、下をゆるみ側にするのがよい。

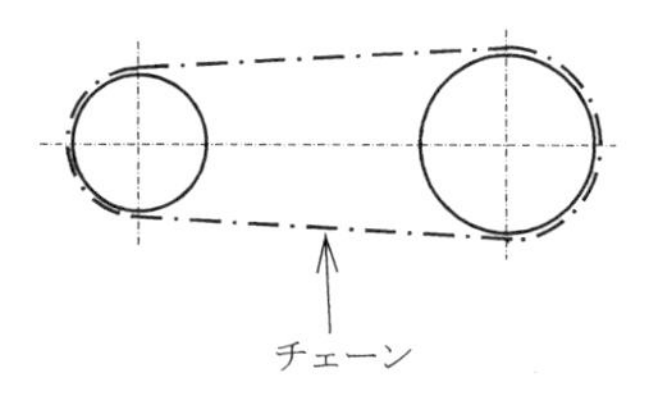

[B群(多肢択一法)]

1　幾何公差の図示方法における、平面度公差の公差域に関する記述として、正しいものはどれか。

イ　直方体の中の領域を用いる。

ロ　平行二直線の間に挟まれた領域を用いる。

ハ　円の中の領域を用いる。

ニ　平行二平面の間に挟まれた領域を用いる。

2　文中の(　　)内に当てはまる語句として、適切なものはどれか。

断面図において、切断面から手前側にある部分を図示する必要がある場合には、(　　)で図示する。

イ　細い実線

ロ　細い破線

ハ　細い一点鎖線

ニ　細い二点鎖線

3　下図のうち、キー溝の深さの図示方法として、誤っているものはどれか。

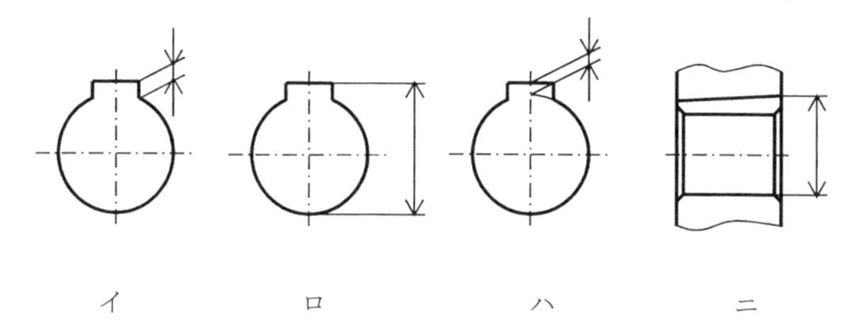

4　穴と軸のはめあいにおいて、すきまばめになるものはどれか。

イ　φ100H7/k6

ロ　φ100H7/h6

ハ　φ100H7/u6

ニ　φ100H7/p6

5　幾何特性に用いる記号として、誤っているものは次のうちどれか。

［B群(多肢択一法)］

6　歯車製図に関する記述として、誤っているものはどれか。

イ　歯車の基準円は、細い二点鎖線で表す。

ロ　要目表には、歯車諸元を記入する。必要に応じて、加工、組立て、検査などに関する事項を記入する。

ハ　図には、要目表に記載された事項から決定できない寸法を記載する。

ニ　材料・熱処理・硬さなどに関する事項は、必要に応じて要目表の注記欄又は図中に適宜記入する。

7　日本工業規格(JIS)の機械製図によれば、2種類以上の線が同じ場所に重なる場合の優先順位の高い順に並んでいるものはどれか。

イ　外形線　→　かくれ線　→　切断線　→　中心線

ロ　外形線　→　切断線　→　中心線　→　かくれ線

ハ　外形線　→　切断線　→　かくれ線　→　中心線

ニ　外形線　→　かくれ線　→　中心線　→　切断線

8　日本工業規格(JIS)の製品の幾何特性仕様(GPS)によれば、データム又はデータム系を示す文字記号の記入として、正しいものはどれか。

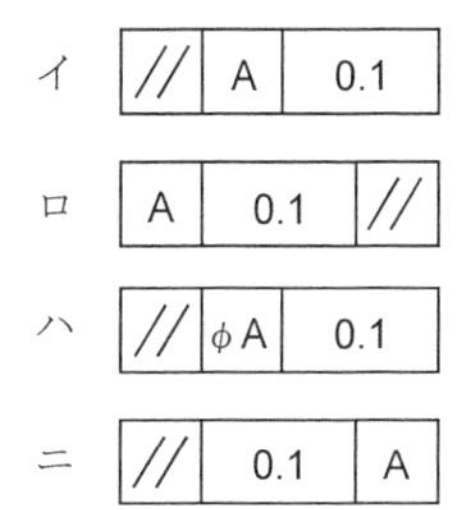

9　かみ合う一対の歯車において、それぞれの歯車の中心軸が同一の平面上にないものはどれか。

イ　かみ合う一対のかさ歯車

ロ　かみ合う一対のまがりばかさ歯車

ハ　かみ合う一対の平歯車

ニ　かみ合う一対のハイポイドギヤ

10　次の図の玉軸受のうち、入れ溝付きはどれか。

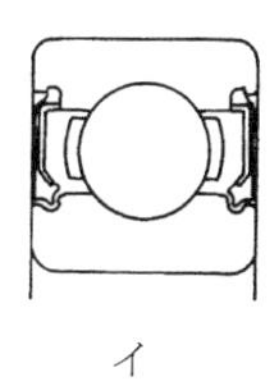
イ

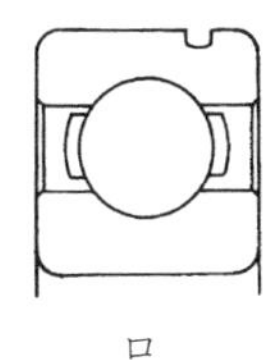
ロ

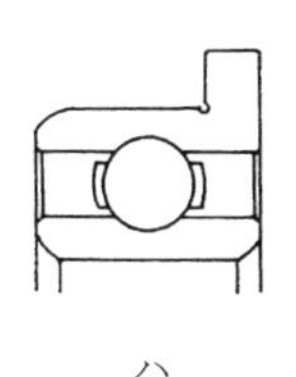
ハ

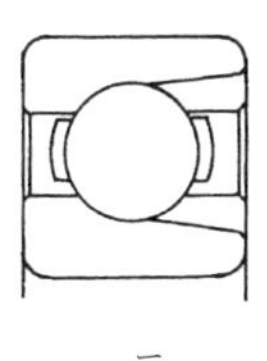
ニ

[B群(多肢択一法)]

11　日本工業規格(JIS)のキー及びキー溝に規定されている、キー本体の幅(伝達力を受ける面間)の許容差はどれか。

イ　m 7

ロ　h 9

ハ　f 10

ニ　e 11

12　下図の引張ばねのフック及びフック端部の形状のうち、角フックを示しているものはどれか。

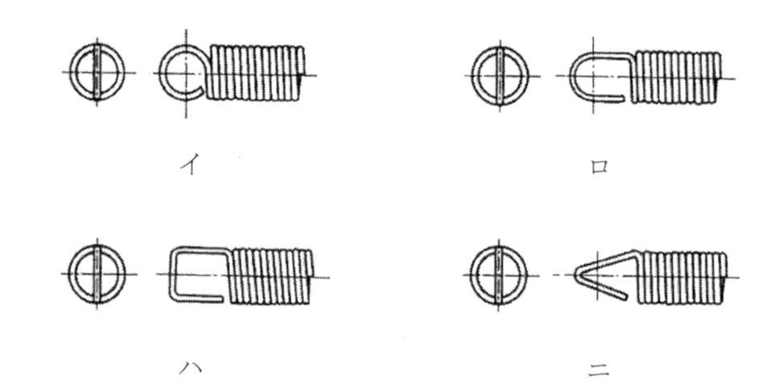

13　Oリングに関する記述として、誤っているものはどれか。

イ　運動用は、固定用としても使用できる。

ロ　運動用Oリングの種類を表す記号は、Pである。

ハ　バックアップリングは、Oリングの高圧側に取り付ける。

ニ　回転軸のシールには、不適である。

14　深溝玉軸受の呼び番号6005、6205及び6305に関する記述として、正しいものはどれか。

イ　外径はすべて同じである。

ロ　6005の外径が最も大きい。

ハ　6205の外径が最も大きい。

ニ　6305の外径が最も大きい。

15　次の軸継手のうち、最も大きな心ずれで使用できるものはどれか。

イ　ローラチェーン軸継手

ロ　ダイヤフラム形軸継手

ハ　オールダム軸継手

ニ　歯車形軸継手

［B群(多肢択一法)］

16　けがき作業に用いない工具はどれか。
　イ　ハイトゲージ
　ロ　トースカン
　ハ　コンパス
　ニ　きさげ

17　次の製造方法のうち、塑性加工でないものはどれか。
　イ　ロストワックス法
　ロ　圧延加工
　ハ　押出し加工
　ニ　引抜き加工

18　日本工業規格(JIS)に規定されている加工方法、加工方法記号及び参考英文の組合せとして、誤っているものはどれか。

イ	平削り	P	Planing
ロ	形削り	SH	Shaping
ハ	立削り	SC	Stand Cutting
ニ	ブローチ削り	BR	Broaching

19　ダイヤモンド円すいを使い、試験片に基準荷重と試験荷重の二度の荷重を加えてできるくぼみの深さの差から算出する硬さ試験方法はどれか。
　イ　ブリネル硬さ試験
　ロ　ロックウェル硬さ試験
　ハ　ビッカース硬さ試験
　ニ　ショア硬さ試験

20　火花点火機関に当てはまらない内燃機関はどれか。
　イ　ガソリン機関
　ロ　石油機関
　ハ　ガス機関
　ニ　ディーゼル機関

21　6極の三相誘導電動機を60Hzの電源に接続した場合の回転速度として、正しいものはどれか。ただし、すべり率は考慮しない。
　イ　120 min^{-1}
　ロ　600 min^{-1}
　ハ　1080 min^{-1}
　ニ　1200 min^{-1}

[B群(多肢択一法)]

22　それぞれの静電容量が、C_1、C_2、C_3のコンデンサを直列に接続したとき、合成静電容量Cとして、正しいものはどれか。

イ　$C=\dfrac{1}{C_1+C_2+C_3}$　　　ロ　$C=C_1+C_2+C_3$

ハ　$C=\dfrac{1}{\dfrac{1}{C_1}+\dfrac{1}{C_2}+\dfrac{1}{C_3}}$　　　ニ　$C=\dfrac{1}{C_1}+\dfrac{1}{C_2}+\dfrac{1}{C_3}$

23　VDT作業を行う際の注意事項に関する記述として、誤っているものはどれか。

イ　ディスプレイ画面の明るさと周辺の明るさとの差は、なるべく小さくする。

ロ　ディスプレイは、その画面の中央が目の位置と同じ高さとなるようにする。

ハ　ディスプレイ画面に直接又は間接的に太陽光等が入射する場合は、必要に応じて窓にブラインド又はカーテン等を設ける。

ニ　ディスプレイ画面とキーボード又は書類との視距離の差が極端に大きくならないようにする。

24　CADにおいて、指定された点、直線又は平面に対して指定された形状と対称な形状を作る操作として、正しいものはどれか。

イ　オフセット

ロ　ミラー

ハ　ストレッチ

ニ　トリミング

25　日本工業規格(JIS)のCAD用語で定義されている次の記述において、(　　)内に当てはまるものはどれか。

集合演算とは、形状を点集合としてとらえ、その集合の(　　)によって新たな形状を生成する操作である。

イ　和、積、差

ロ　和、差、除

ハ　差、積、除

ニ　和、積、除

令和2年度 技能検定

1級 機械・プラント製図 学科試験問題

(機械製図手書き作業)

(機械製図 CAD 作業)

1. 試験時間　1時間40分
2. 問題数　50題(A群25題、B群25題)
3. 注意事項

(1)　係員の指示があるまで、この表紙はあけないでください。

(2)　答案用紙(真偽法と多肢択一法の併用)に検定職種名、作業名、級別、受検番号、氏名を必ず記入してください。

(3)　係員の指示に従って、問題数を確かめてください。それらに異常がある場合は、黙って手を挙げてください。問題はA群(真偽法)とB群(多肢択一法)とに分かれています。

(4)　試験開始の合図で始めてください。

(5)　解答の方法(真偽法と多肢択一法の併用)は次のとおりです。

イ.　A群の問題(真偽法)は、一つ一つの問題の内容が正しいか、誤っているかを判断して解答してください。

ロ.　B群の問題(多肢択一法)は、正解と思うものを一つだけ選んで、解答してください。二つ以上に解答した場合は誤答となります。

ハ.　答案用紙(マークシート用紙)へ解答する際は、答案用紙に記載されている注意事項に従ってください。

ニ.　答案用紙の解答欄は、A群の問題とB群の問題とでは異なります。所定の解答欄に、試験問題の題数に応じて解答してください。解答欄はA群は50題まで、B群は25題まで解答できるようになっています。

(6)　電子式卓上計算機その他これと同等の機能を有するものは、使用してはいけません。

(7)　携帯電話、スマートフォン、ウェアラブル端末等は、使用してはいけません。

(8)　試験中、質問があるときは、黙って手を挙げてください。ただし、試験問題の内容、漢字の読み方等に関する質問にはお答えできません。

(9)　試験終了時刻前に解答ができあがった場合は、黙って手を挙げて、係員の指示に従ってください。

(10)　試験中に手洗いに立ちたいときは、黙って手を挙げて、係員の指示に従ってください。

(11)　試験終了の合図があったら、筆記用具を置き、係員の指示に従ってください。

［A群（真偽法）］

1　日本産業規格(JIS)の材料記号SS400は、一般構造用圧延鋼材である。

2　機械製図に用いる重心線は、細い二点鎖線を用いる。

3　三角スケールとは、断面が三角形で、3種類の尺度の目盛りを持つスケールのことである。

4　円すいの底面から頂点までの高さの、底面から1/4の高さにおける切断面の面積は、底面から2/3の高さにおける切断面の面積の4/3倍である。ただし、切断面は、底面と平行なものとする。

5　材料の疲労限度を判断するには、通常、S－N線図が利用される。

6　加工硬化指数（n値）で比べた場合、オーステナイト系ステンレス鋼は軟鋼よりも加工硬化しにくい。

7　日本産業規格(JIS)の鉄鋼用語によれば、調質とは、焼入れ後、比較的高い温度(約400℃以上)で焼き戻して、トルースタイト又はソルバイト組織にする操作のことである。

8　直径20mmの丸棒に40kNの圧縮荷重を加えたときの圧縮応力は、約127MPaである。なお、円周率は3.14とする。

9　下図に示す長さ2ℓのはりがP及び4Pの集中荷重を受けるとき、中央部A点に生じる曲げモーメント(M)は、M＝0である。
なお、Rは支点の反力である。

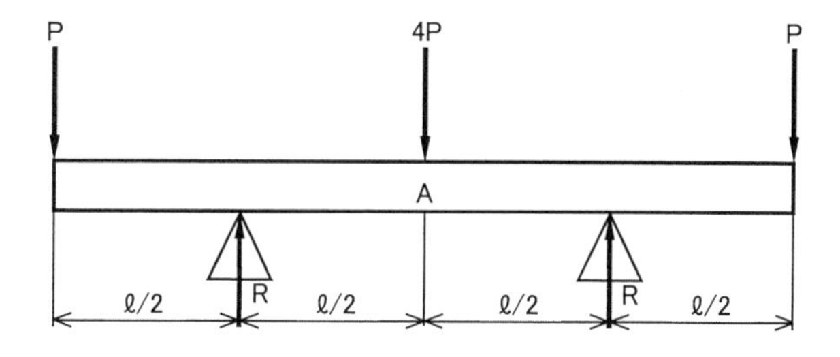

［A群（真偽法）］

10　図Aのような自由端に集中荷重Wを受ける片持ちばりの断面形状が図B及び図Cの場合、曲げ応力は図Cのほうが小さい。

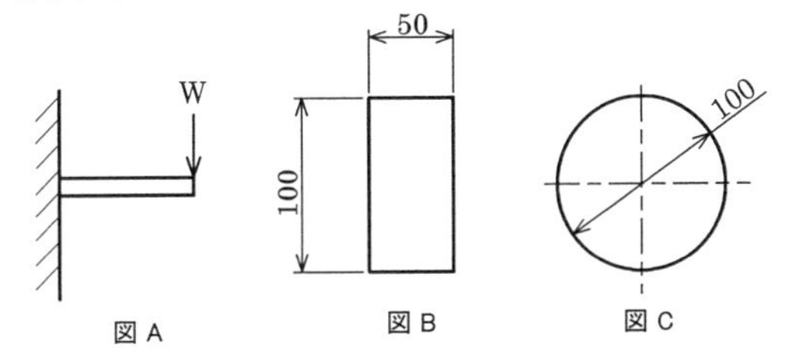

11　半径及び板厚の等しい薄肉円筒と薄肉球かくにおいて、球かくのほうが円筒に比べ4倍の内圧に耐えられる。

12　材料力学における熱応力とは、温度変化により生じた物体の伸縮が、外部的な拘束によって妨げられて生じる応力のことである。

13　厚板の溶接には、一般に、ガス溶接よりもアーク溶接のほうが適している。

14　下図のように外径Dと質量Mが等しい2つの円板（図Aと図B）において、慣性モーメントが大きいのは図Bのほうである。

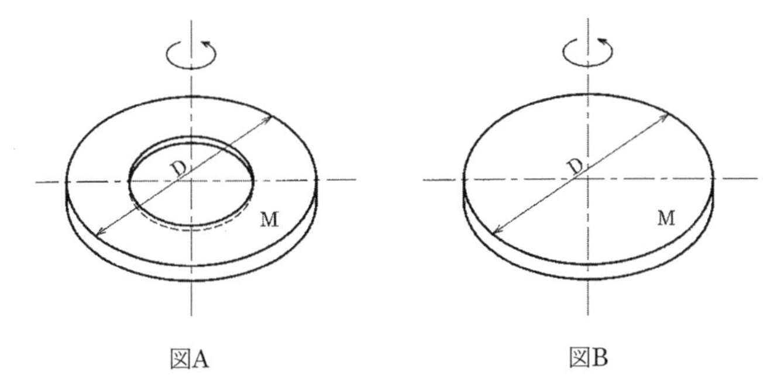

図A　　　図B

15　重力加速度を9.8m/s^{2}とし、空気の抵抗は無視できるとき、物体を真上に初速度19.6m/sで投げてから再び物体が投げた位置まで落ちてくるのに要する時間は、4秒である。

16　レイノルズ数は、流体の動粘度に比例する。

17　同じ材質でも質量が大きいと熱容量は大きくなる。

［A群（真偽法）］

18　大電力を送電するときは、電圧を低く、電流を多くして送電すると効率的である。

19　超音波洗浄は、ノズルから洗浄液を高速で噴射して洗浄面に当てることにより、汚れを除去する洗浄方法である。

20　電気防食は、腐食環境中に設置された電極から、防食すべき金属に通電することによって腐食を防ぐ方法である。

21　透明な材料で作られる対象物の図形は、すべて透明なものとして描く。

22　下図のテーパ比は、1／10である。

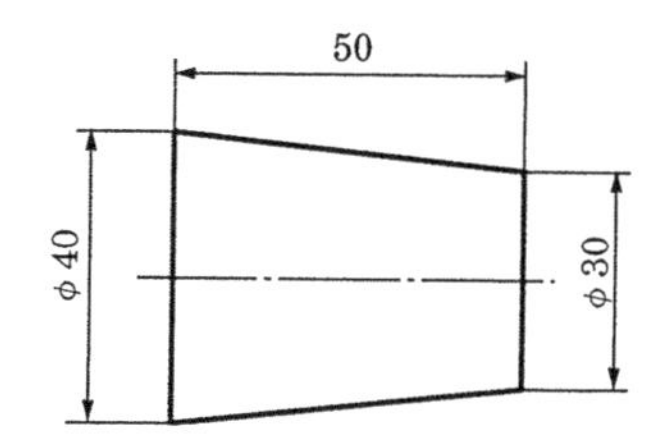

23　管用テーパねじには、テーパおねじR、テーパめねじRc、平行めねじRpがある。

24　伝動用ローラチェーンにおいて、オフセットリンクは、チェーン全体のリンク数が偶数となる場合のチェーンの接合に用いられる。

25　日本産業規格(JIS)によれば、ハイポイドギヤ対とは、食い違い軸間でかみ合う円すい、又はほぼ円すい形状の二つの歯車からなる歯車対をいう。

［B群（多肢択一法）］

1　次の幾何公差のうち、単独形体でないものはどれか。
　イ　平面度
　ロ　傾斜度
　ハ　円筒度
　ニ　真円度

2　幾何公差の真円度公差の図示方法として、正しいものはどれか。

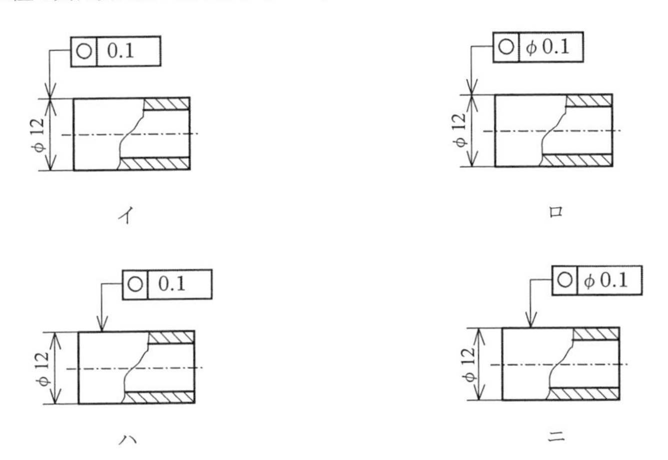

3　最大実体公差方式の指示として、正しいものはどれか。

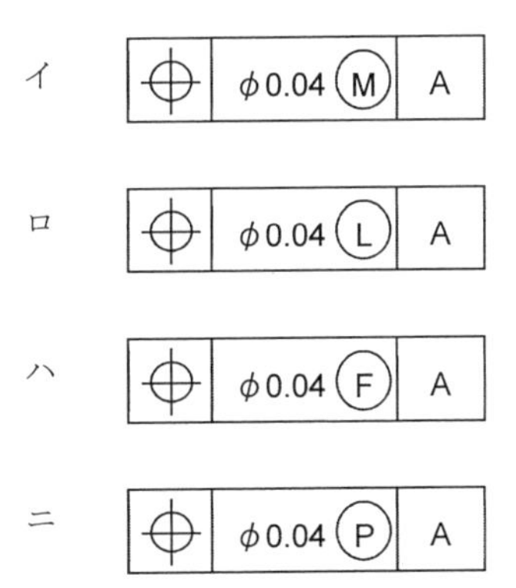

［Ｂ群（多肢択一法）］

4　長円の穴の表し方として、誤っているものはどれか。

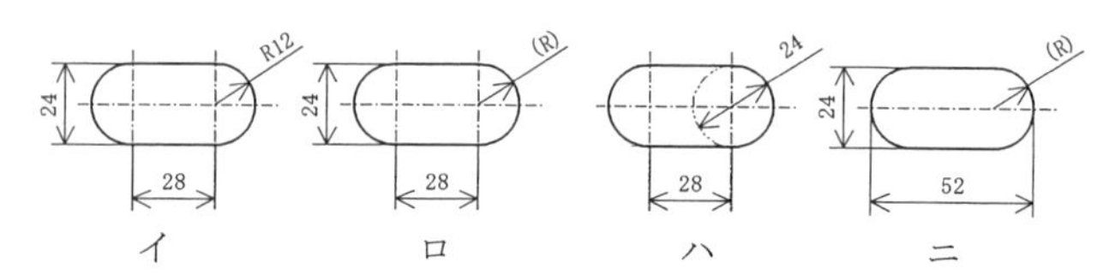

5　円柱状の部品に、下図のように幾何公差が指示されているときの実効寸法として、正しいものはどれか。

イ　φ19.75

ロ　φ19.80

ハ　φ20.20

ニ　φ20.25

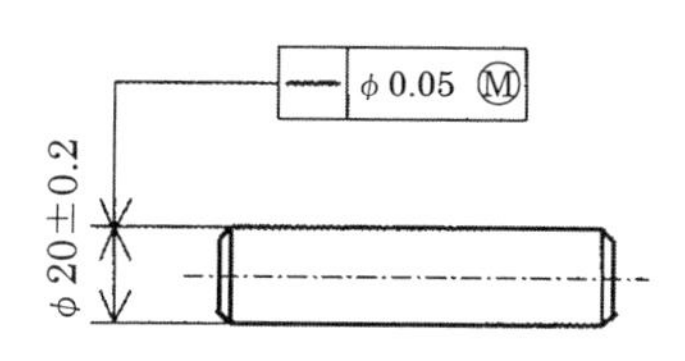

6　日本産業規格(JIS)の歯車製図によれば、ウォームホイールを軸方向から見た図において、歯底円の表し方の原則として正しいものはどれか。

イ　太い実線で表す。

ロ　細い実線で表す。

ハ　細い二点鎖線で表す。

ニ　省略する。

7　穴と軸のはめあいにおいて、中間ばめになるものはどれか。

イ　φ50H7/h6

ロ　φ60M7/h6

ハ　φ80F7/h6

ニ　φ100S7/h6

［B群（多肢択一法）］

8　下図に示す表面性状のうち、一般ルールに従った表記として、誤っているものはどれか。

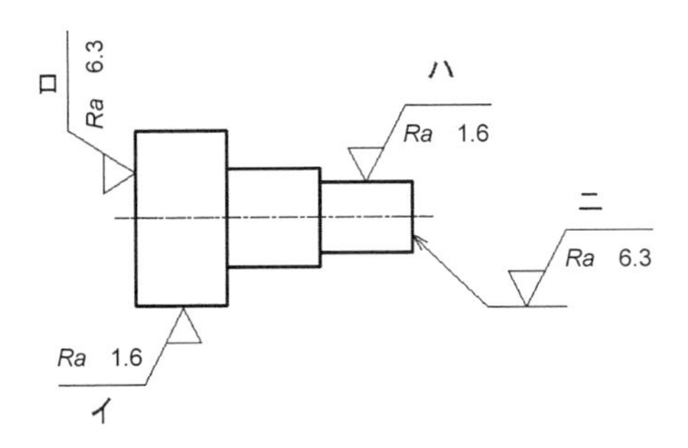

9　日本産業規格(JIS)において、運動用Oリングの種類を表す記号はどれか。

イ　P
ロ　G
ハ　V
ニ　S

10　Tr50×21(P7)LH−6eと表記されたねじの意味として、正しいものはどれか。

イ　左3条メートル台形ねじ、呼び径50mm、リード7mm、ピッチ21mm、おねじの等級が6e
ロ　左3条メートル台形ねじ、呼び径50mm、リード21mm、ピッチ7mm、めねじの等級が6e
ハ　左3条メートル台形ねじ、呼び径50mm、リード21mm、ピッチ7mm、おねじの等級が6e
ニ　左3条メートル台形ねじ、呼び径50mm、リード7mm、ピッチ21mm、めねじの等級が6e

11　固体潤滑に関する一般的な記述として、誤っているものはどれか。

イ　使用方法を誤るとかえって摩耗を増大させることがある。
ロ　経年変化が少ない。
ハ　使用される温度範囲が広い。
ニ　真空中の潤滑には適さない。

［B群（多肢択一法)］

12　日本産業規格(JIS)に規定されている、キー及びキー溝のうち、平行キー用キー溝「普通形」の幅(伝達力を受ける面間)の許容差として、正しいものはどれか。

イ　軸側H9、穴側D10

ロ　軸側N9、穴側JS9

ハ　軸側P9、穴側P9

ニ　軸側H9、穴側JS9

13　日本産業規格(JIS)に定める角形スプラインの溝数として、誤っているものはどれか。

イ　6

ロ　8

ハ　10

ニ　12

14　鋼製止めねじの硬さ区分22Hに関する記述として、正しいものはどれか。

イ　引張強さが220N/mm^{2}以上を示す。

ロ　呼び保証荷重応力が220N/mm^{2}以上を示す。

ハ　硬さが22 HRB以上を示す。

ニ　硬さが220 HV以上を示す。

15　オイルシールに関する記述のうち、誤っているものはどれか。

イ　静止部分の密封のみに使用される。

ロ　回転軸の密封に使用される。

ハ　潤滑油の漏れ止めに使用される。

ニ　異物の侵入防止に使用される。

16　鋳造法の一つであるシェルモールド法による鋳型製作に関する記述として、正しいものはどれか。

イ　セメントを混合した砂を用いて薄いシェル状の鋳型を作る。

ロ　フェノール系樹脂粉末を混合した砂を用いて薄いシェル状の鋳型を作る。

ハ　水ガラスを混合した砂を用いて薄いシェル状の鋳型を作る。

ニ　せっこうを混合した砂を用いて薄いシェル状の鋳型を作る。

［B群（多肢択一法）］

17　下図に示すようなパンチとダイスを用い、金属の板をプレスで円形の外形抜き(抜いた円形の板が製品)を行うときの記述として、正しいものはどれか。
ただし、図中の記号は、d：パンチの径、D：ダイスの径、C：クリアランス、α：シャー角である。

イ　パンチの径を製品の径と同じとし、クリアランスをダイス側に付け、シャー角をダイス側に設ける。

ロ　パンチの径を製品の径と同じとし、クリアランスをダイス側に付け、シャー角をパンチ側に設ける。

ハ　ダイスの径を製品の径と同じとし、クリアランスをパンチ側に付け、シャー角をダイス側に設ける。

ニ　ダイスの径を製品の径と同じとし、クリアランスをパンチ側に付け、シャー角をパンチ側に設ける。

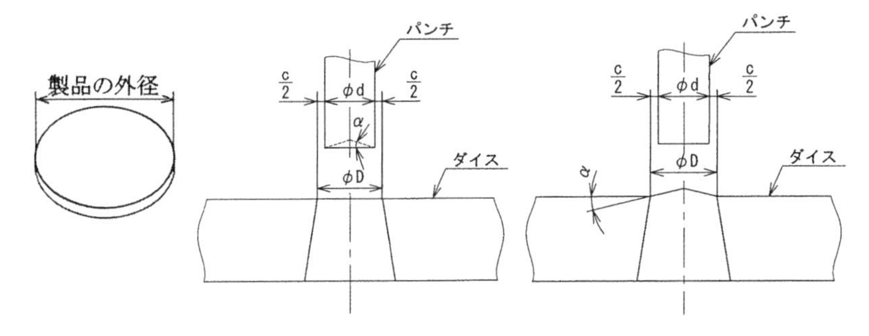

18　次のうち、工具を回転させない工作機械はどれか。

イ　形削り盤

ロ　ボール盤

ハ　研削盤

ニ　フライス盤

19　ダイヤモンドハンマを一定の高さから落下させ、その跳ね上がり高さから算出する硬さ試験方法はどれか。

イ　ビッカース硬さ試験

ロ　ブリネル硬さ試験

ハ　ロックウェル硬さ試験

ニ　ショア硬さ試験

20　内燃機関に関する記述として、誤っているものはどれか。

イ　ディーゼルエンジンの圧縮比は、一般に、ガソリンエンジンの圧縮比よりも高い。

ロ　ディーゼルエンジンは、電気火花によって気化燃料に点火する。

ハ　ディーゼルエンジンは、一般に、ガソリンエンジンよりも熱効率がよい。

ニ　内燃機関用の燃料として、LPGを用いるものもある。

［B群（多肢択一法）］

21　6極で、すべり率10%の三相誘導電動機を60Hzの電源に接続した場合の回転速度として、正しいものはどれか。

イ　120 min^{-1}(rpm)

ロ　600 min^{-1}(rpm)

ハ　1080 min^{-1}(rpm)

ニ　1200 min^{-1}(rpm)

22　コンデンサの機能に関する記述として、誤っているものはどれか。

イ　回路間の信号の直流電流分だけ伝達する。

ロ　電圧と電流の位相を変化させる。

ハ　電気を蓄える。

ニ　電源ラインに発生するノイズを除去する。

23　日本産業規格(JIS)によれば、CAD用ソフトウェアに関する記述として、誤っているものはどれか。

イ　ソリッドモデルは、三次元形状を、その形状の占める空間があいまいでなく規定されるように表現した形状モデルである。

ロ　サーフェスモデルは、三次元形状を面分によって表現した形状モデルである。

ハ　ワイヤーフレームモデルは、三次元形状を線分と面分によって表現した形状モデルである。

ニ　$2\frac{1}{2}$ 次元モデルは、掃引（そういん）によって三次元形状を表現した形状モデルのことである。

24　CAD用語におけるCIMの説明として、最も適切なものはどれか。

イ　コンピュータの内部に表現されたモデルに基づいて、生産に必要な各種情報を生成すること、及びそれに基づいて進める生産の形式。

ロ　CADの過程でコンピュータ内部に作成されたモデルを利用して、各種シミュレーション、技術解析など工学的な検討を行うこと。

ハ　製品企画から設計、製造、販売、保守までの生産に関するあらゆる活動を、コンピュータ技術を使用することによって一つのシステムに統合しようとする考え方。

ニ　製品の形状、その他の属性データからなるモデルを、コンピュータの内部に作成し解析・処理することによって進める設計。

［B群（多肢択一法）］

25　次の「情報機器作業における労働衛生管理のためのガイドラインについて」に関する記述として、誤っているものはどれか。

イ　ディスプレイ画面に直接又は間接的に太陽光等が入射する場合は、必要に応じて窓にブラインド又はカーテン等を設け、適切な明るさとなるようにすること。

ロ　ディスプレイとおおむね40cm以上の視距離が確保できるようにし、この距離で見やすいように必要に応じて眼鏡による矯正を行うこと。

ハ　書類上及びキーボード上における照度は300ルクス以上を目安とし、作業しやすい照度とすること。

ニ　ディスプレイ画面上における照度は500ルクス以上を目安とし、作業しやすい照度とすること。

令和元年度 技能検定

1級 機械・プラント製図 学科試験問題

(機械製図手書き作業)

(機械製図 CAD 作業)

1. 試験時間　1時間 40 分
2. 問題数　50 題(A 群 25 題、B 群 25 題)
3. 注意事項

(1)　係員の指示があるまで、この表紙はあけないでください。

(2)　答案用紙(真偽法と多肢択一法の併用)に検定職種名、作業名、級別、受検番号、氏名を必ず記入してください。

(3)　係員の指示に従って、問題数を確かめてください。それらに異常がある場合は、黙って手を挙げてください。問題は A 群(真偽法)と B 群(多肢択一法)とに分かれています。

(4)　試験開始の合図で始めてください。

(5)　解答の方法(真偽法と多肢択一法の併用)は次のとおりです。

イ.　A 群の問題(真偽法)は、一つ一つの問題の内容が正しいか、誤っているかを判断して解答してください。

ロ.　B 群の問題(多肢択一法)は、正解と思うものを一つだけ選んで、解答してください。二つ以上に解答した場合は誤答となります。

ハ.　答案用紙(マークシート用紙)へ解答する際は、答案用紙に記載されている注意事項に従ってください。

ニ.　答案用紙の解答欄は、A 群の問題と B 群の問題とでは異なります。所定の解答欄に、試験問題の題数に応じて解答してください。解答欄は A 群は 50 題まで、B 群は 25 題まで解答できるようになっています。

(6)　電子式卓上計算機その他これと同等の機能を有するものは、使用してはいけません。

(7)　携帯電話等は、使用してはいけません。

(8)　試験中、質問があるときは、黙って手を挙げてください。ただし、試験問題の内容、漢字の読み方等に関する質問にはお答えできません。

(9)　試験終了時刻前に解答ができあがった場合は、黙って手を挙げて、係員の指示に従ってください。

(10)　試験中に手洗いに立ちたいときは、黙って手を挙げて、係員の指示に従ってください。

(11)　試験終了の合図があったら、筆記用具を置き、係員の指示に従ってください。

［A群(真偽法)］

1　次に示す図1は、ある形状の投影図(三面図)である。図2は、断面A－Aの投影図として、正しい。

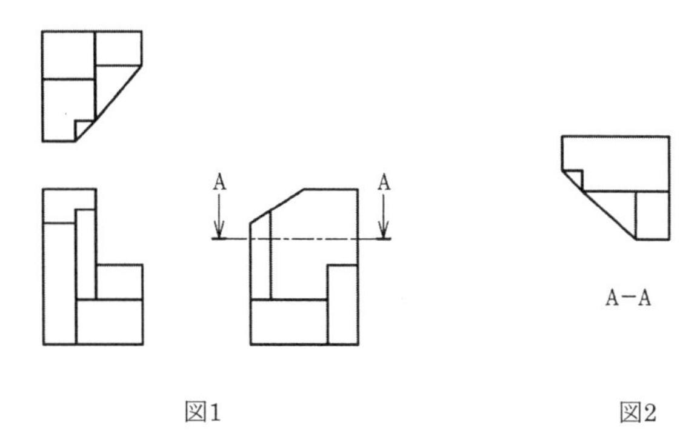

図1　　　　図2

2　日本工業規格(JIS)に規定するA列の製図用紙では、用紙の短辺と長辺との長さの比は、約1：$\sqrt{2}$ である。

3　ビームコンパスとは、中心側と弧を描く側とを薄板などで連結できるようにして、大きな円又は円弧を描くときに用いる器具のことである。

4　下図に示す直線の投影図において、直線ABの実長は、直線A′C′である。

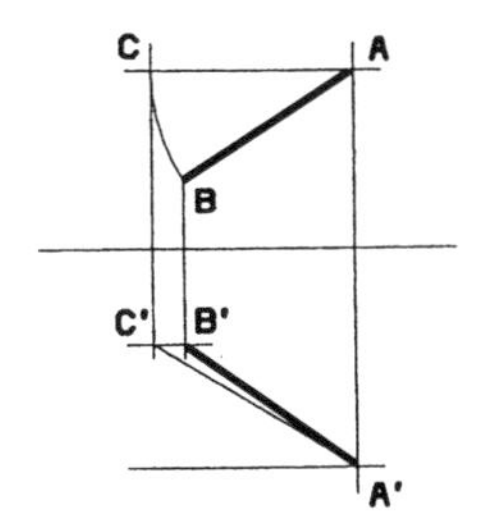

5　球状黒鉛鋳鉄品の伸びは、一般に、炭素鋼鋳鋼品よりも大きい。

6　日本工業規格(JIS)の材料記号において、A1085は、アルミニウム－シリコン系合金である。

7　日本工業規格(JIS)によれば、鋼の焼戻しとは、オーステナイト化後空冷する熱処理で、その目的は、前加工の影響を除去し、結晶粒を微細化して機械的性質を改善することであると規定されている。

[A群(真偽法)]

8　下図のP点に60kNの荷重を加えたとき、直径20mmの部材Aに発生する圧縮応力は、約95MPaである。

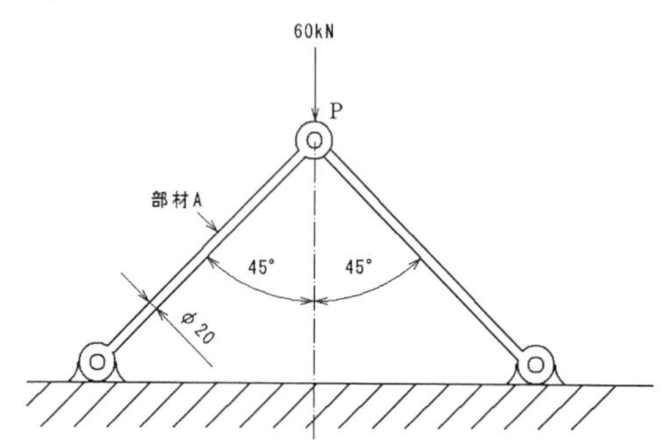

9　下図に示すはりの中央部A点に生じる曲げモーメントは、Pℓ/2である。

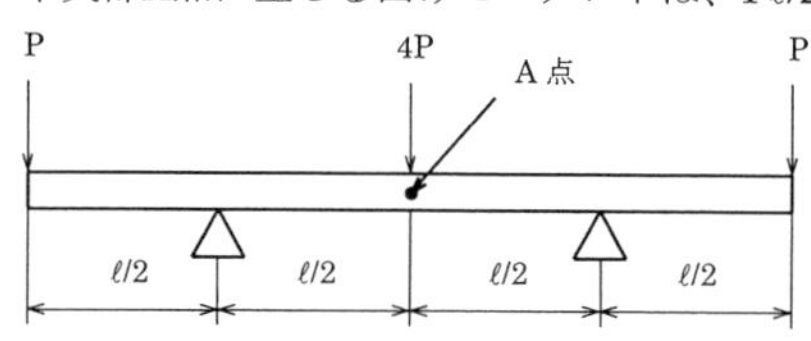

10　図Aのような自由端に集中荷重を受ける片持ちばりの断面形状が図B及び図Cの場合、図Cの断面のほうが曲げ応力は小さい。

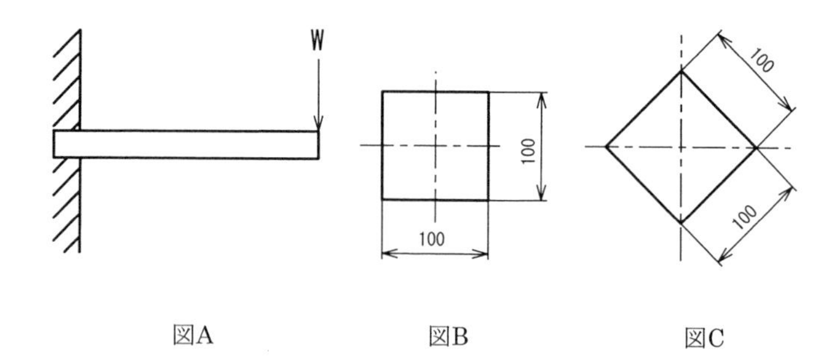

図A　　図B　　図C

11　内径2000mm、板の厚さ25mmの薄肉円筒において、1MPaの内圧がかかったときに生じる円周応力は、40MPaである。

12　両端を固定した剛体に生じる熱応力は、剛体の断面積に反比例する。

13　ミグ(MIG)溶接は、イナートガスアーク溶接の一種で、ワイヤ状の消耗電極を用いる。

［A群(真偽法)］

14　速さ10m/sで進んでいた物体が一定の加速度で速さを増し、2秒後に19m/sの速さになった。このときの物体の加速度は、3m/s²である。

15　下図のように3つの荷物を滑車につけて吊り下げたところ、2本のロープが直角をなして釣り合ったときの荷物Aの質量は、50kgである。

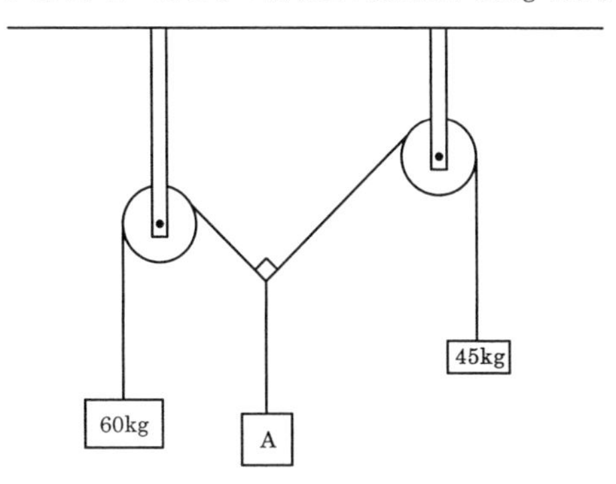

16　管径及び管長が一定ならば、管内流体の流速が2倍になれば、摩擦損失は4倍になる。

17　アルミニウムは、鉄よりも熱膨張係数が大きい。

18　ある電気抵抗を電圧200Vの電源につないだときの消費電力は、電圧100Vの電源につないだときの消費電力の2倍である。

19　酸洗いは、鋼の表面に酸化物を生成させるために行う。

20　一般的にアルミニウムが大気中で腐食しにくいのは、表面に薄い酸化皮膜ができるためである。

21　日本工業規格(JIS)の機械製図によれば、同種同形の図形が連続して多数並ぶ場合で、読み誤るおそれがないときには、両端部(一端は1ピッチ分)又は要点だけを実形又は図記号によって示し、他はピッチ線と中心線との交点で示すことができる。

22　メートル台形ねじTr 40×14(P7)は、一条ねじである。

23　幾何公差は、大別すると形状公差、姿勢公差、位置公差、振れ公差の4種類である。

［A群(真偽法)］

24　下図の半月キーにおいて、呼び寸法が6×25と表示されている場合、長さℓは25mmである。

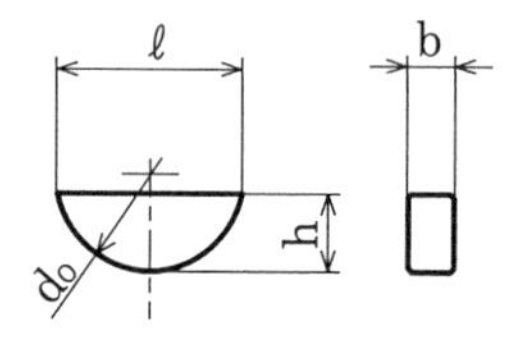

25　一般に、ボールねじは、台形ねじに比べ摩擦係数が小さい。

［B群(多肢択一法)］

1　寸法の普通公差における、公差等級の記号とその説明の組合せとして、誤っているものはどれか。

イ　m　中級
ロ　f　精級
ハ　c　極精級
ニ　v　極粗級

2　幾何公差の図示方法における、軸線の同軸度公差の公差域に関する記述として、正しいものはどれか。

イ　円筒の中の領域を用いる。
ロ　二つの同心円の間の領域を用いる。
ハ　直方体の中の領域を用いる。
ニ　円の中の領域を用いる。

3　まがりばかさ歯車の歯すじ方向の表し方として、正しいものはどれか。

イ　1本の太い実線
ロ　2本の細い実線
ハ　3本の細い実線
ニ　4本の細い一点鎖線

4　次のうち、きり深さℓの記入方法として、正しいものはどれか。

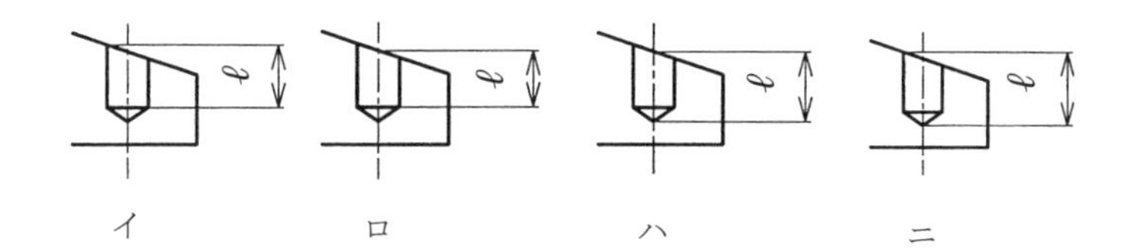

5　次のうち、ねじ穴の寸法記入の表し方として、正しいものはどれか。

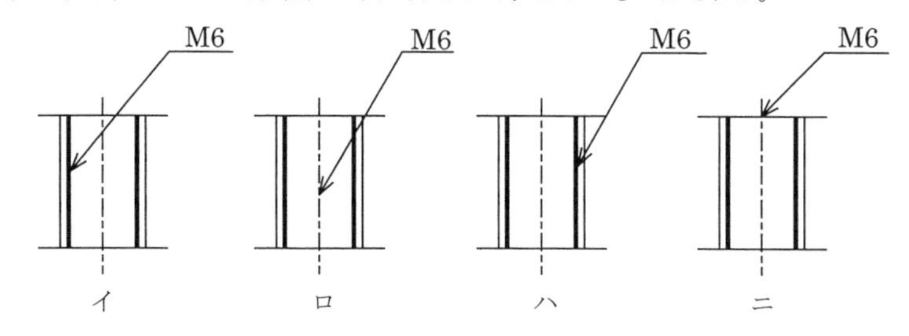

[B群(多肢択一法)]

6　次の歯車及びばねの製図のうち、ねじれ方向が左又は巻き方向が左のものはどれか。

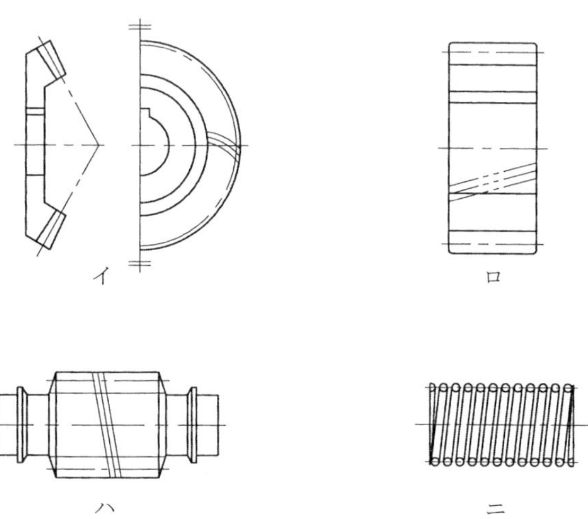

7　幾何特性に用いる記号のうち、平行度の記号として、正しいものはどれか。

8　文中の(　　)内に当てはまる語句として、適切なものはどれか。

日本工業規格(JIS)の機械製図によれば、断面図において、ガスケット、薄板、形鋼などで、切り口が薄い場合には、実際の寸法にかかわらず、1本の(　　)により表すことができる。

イ　太い実線

ロ　太い一点鎖線

ハ　極太の実線

ニ　極太の一点鎖線

［B群(多肢択一法)］

9　下図のうち、メートル並目ねじの有効径Dとして、正しいものはどれか。

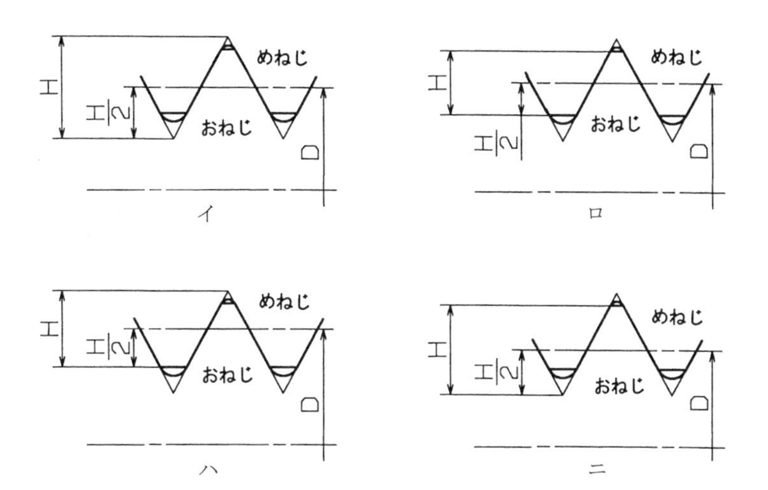

10　下図の圧縮ばねのコイル端部の形状のうち、タンジェントテールエンドを示しているものはどれか。

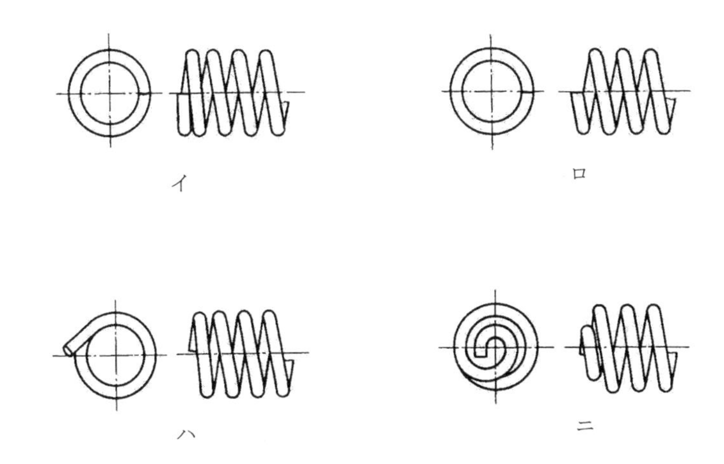

[B群(多肢択一法)]

11　インボリュート歯車歯形によるはすば歯車において、歯数z、歯直角モジュールm_n、ねじれ角β、基準円直径 dとした場合の関係式として、正しいものはどれか。

イ　$d = z \times m_n$

ロ　$d = \dfrac{z \times m_n}{\sin\beta}$

ハ　$d = \dfrac{z \times m_n}{\cos\beta}$

ニ　$d = \dfrac{z \times m_n}{\tan\beta}$

12　日本工業規格(JIS)によれば、細幅Vベルトの断面形状におけるα_bの角度として、正しいものはどれか。

イ　34°

ロ　36°

ハ　38°

ニ　40°

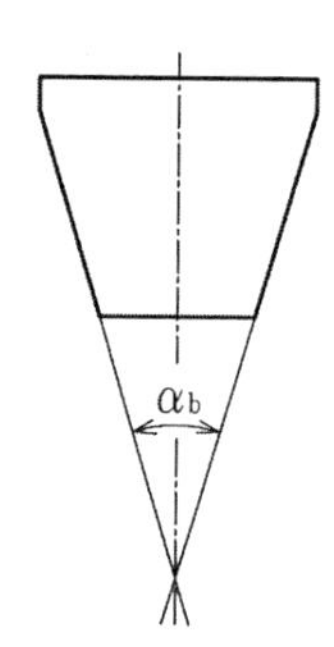

13　日本工業規格(JIS)によれば、平行キーによる軸、ハブの結合に関する記述として、正しいものはどれか。

イ　キーの寸法許容差によって、滑動形、普通形及び締込み形に区分される。

ロ　キー溝の寸法許容差によって、滑動形、普通形及び締込み形に区分される。

ハ　キーの固定用ねじ穴の有無によって、滑動形、普通形及び締込み形に区分される。

ニ　キーの端部の形状によって、滑動形、普通形及び締込み形に区分される。

14　ベルト伝動装置を他の伝動方法と比べたときの記述として、誤っているものはどれか。

イ　軸間距離の制約が少ない。

ロ　比較的容易に大きな回転比が得られる。

ハ　振動を吸収できない。

ニ　衝撃的な負荷を緩和することができる。

［B群(多肢択一法)］

15　ボルト(炭素鋼及び合金鋼製締結用部品)の強度区分を表す記号(点で区切られた二つの数字)に関する記述として、正しいものはどれか。
　イ　点の左側の数字は、呼び引張強さをMPaで表した数値の1/100の値を示し、点の右側の数字は、弾性限度と呼び引張強さとの比の10倍の値を示す。
　ロ　点の左側の数字は、呼び引張強さをMPaで表した数値の1/10の値を示し、点の右側の数字は、呼び降伏点と呼び引張強さとの比の100倍の値を示す。
　ハ　点の左側の数字は、呼び引張強さをMPaで表した数値の1/10の値を示し、点の右側の数字は、弾性限度と呼び引張強さとの比の10倍の値を示す。
　ニ　点の左側の数字は、呼び引張強さをMPaで表した数値の1/100の値を示し、点の右側の数字は、呼び降伏応力と呼び引張強さとの比の10倍の値を示す。

16　ねじの転造に関する記述として、誤っているものはどれか。
　イ　機械的性質が優れている。
　ロ　安定した加工精度が得られる。
　ハ　ねじの素材費用が少ない。
　ニ　切削加工に比べ、生産性が低い。

17　次の製造方法のうち、塑性加工でないものはどれか。
　イ　ホーニング
　ロ　転造加工
　ハ　スピニング
　ニ　鍛造加工

18　心無し研削盤作業の研削加工に関する記述として、正しいものはどれか。
　イ　研削といしと調整車の回転方向は同じである。
　ロ　研削といしと加工物の回転方向は同じである。
　ハ　研削といしと調整車の回転方向は反対である。
　ニ　調整車と加工物の回転方向は同じである。

19　次のうち、ステンレス鋼板(SUS304)の鋼板内部の欠陥を検出する試験方法として、最も適しているものはどれか。
　イ　PT (浸透探傷試験)
　ロ　VT (目視試験)
　ハ　UT (超音波探傷試験)
　ニ　MT (磁粉探傷試験)

[Ｂ群(多肢択一法)]

20　文中の(　　)内に当てはまる語句として、適切なものはどれか。

(　　)は、遠心ポンプとも呼ばれ、羽根車の回転による遠心力の働きで、水に圧力を与え揚水する。

イ　往復ポンプ
ロ　軸流ポンプ
ハ　うず巻きポンプ
ニ　歯車ポンプ

21　6極で、すべり率10%の三相誘導電動機を60Hzの電源に接続した場合の回転速度として、正しいものはどれか。

イ　120 min^{-1}(rpm)
ロ　600 min^{-1}(rpm)
ハ　1080 min^{-1}(rpm)
ニ　1200 min^{-1}(rpm)

22　下図のコンデンサーCの静電容量を4μFとしたとき、合成静電容量として、正しいものはどれか。

イ　1μF
ロ　4μF
ハ　8μF
ニ　16μF

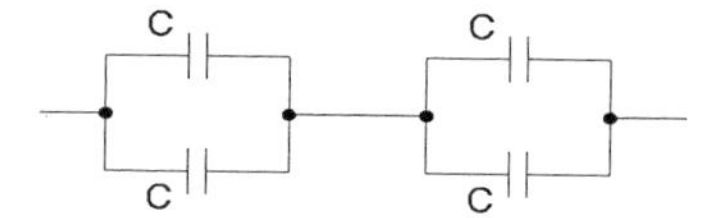

23　VDT作業を行う際の注意事項に関する記述のうち、誤っているものはどれか。

イ　ディスプレイ画面と周辺の明るさとの差はなるべく小さくする。
ロ　ディスプレイは、その画面の中央が目の位置と同じ高さとなるようにする。
ハ　ディスプレイ画面に直接又は間接的に太陽光等が入射する場合は、必要に応じて窓にブラインド又はカーテン等を設け、適切な明るさとなるようにする。
ニ　ディスプレイ画面とキーボード又は書類等との視距離の差が極端に大きくならないようにする。

24　CAD用ソフトウェアの機能において、ラバーバンディングの説明として、適切なものはどれか。

イ　形状を指定された点に関し、与えられた比率だけ大きくしたり、小さくしたりする操作。
ロ　前指示点から現在のカーソル表示点までの追従軌跡を動的に表示する技法。
ハ　平面上又は三次元空間内において、複数形状間の重なり合いを調べること。
ニ　二次元の閉図形によって表現される部品又は部材を長方形などの母材の中に最適に配置すること。

[B群(多肢択一法)]

25　日本工業規格(JIS)によれば、複数の面又は曲面の接続を滑らかにするために挿入される曲面はどれか。

イ　ルールドサーフェス
ロ　ベジェ曲面
ハ　B−スプライン曲面
ニ　フィレット面

平成 30 年度 技能検定

1級 機械・プラント製図 学科試験問題

(機械製図手書き作業)

(機械製図 CAD 作業)

1. 試験時間　1時間 40 分
2. 問題数　50 題(A 群 25 題、B 群 25 題)
3. 注意事項

(1) 係員の指示があるまで、この表紙はあけないでください。

(2) 答案用紙(真偽法と多肢択一法の併用)に検定職種名、作業名、級別、受検番号、氏名を必ず記入してください。

(3) 係員の指示に従って、問題数を確かめてください。それらに異常がある場合は、黙って手を挙げてください。問題は A 群(真偽法)と B 群(多肢択一法)とに分かれています。

(4) 試験開始の合図で始めてください。

(5) 解答の方法(真偽法と多肢択一法の併用)は次のとおりです。

イ. A 群の問題(真偽法)は、一つ一つの問題の内容が正しいか、誤っているかを判断して解答してください。

ロ. B 群の問題(多肢択一法)は、正解と思うものを一つだけ選んで、解答してください。二つ以上に解答した場合は誤答となります。

ハ. 答案用紙(マークシート用紙)へ解答する際は、答案用紙に記載されている注意事項に従ってください。

ニ. 答案用紙の解答欄は、A 群の問題と B 群の問題とでは異なります。所定の解答欄に、試験問題の題数に応じて解答してください。解答欄は A 群は 50 題まで、B 群は 25 題まで解答できるようになっています。

(6) 電子式卓上計算機その他これと同等の機能を有するものは、使用してはいけません。

(7) 携帯電話等は、使用してはいけません。

(8) 試験中、質問があるときは、黙って手を挙げてください。ただし、試験問題の内容、漢字の読み方等に関する質問にはお答えできません。

(9) 試験終了時刻前に解答ができあがった場合は、黙って手を挙げて、係員の指示に従ってください。

(10) 試験中に手洗いに立ちたいときは、黙って手を挙げて、係員の指示に従ってください。

(11) 試験終了の合図があったら、筆記用具を置き、係員の指示に従ってください。

［A群(真偽法)］

1　日本工業規格(JIS)の材料記号SS400は、一般構造用圧延鋼材である。

2　図形を描く場合、中心線と重心線とが重なるときには、重心線を残し、中心線を省略する。

3　テンプレートとは、図の一部だけを消しゴムで消すときに用いる薄い板をいう。

4　直円すい体をその軸線に平行な平面で切断したとき、その切り口は放物線になる。

5　材料の疲労限度を判断するには、通常、S－N線図が利用される。

6　オーステナイト系ステンレス鋼は、炭素鋼よりも加工硬化しにくい。

7　鋼の焼ならしの目的は、前加工の影響を除去し、結晶粒を微細化して機械的性質を改善することである。

8　軟鋼の引張り試験における応力－ひずみ線図において、降伏点は図中のEである。

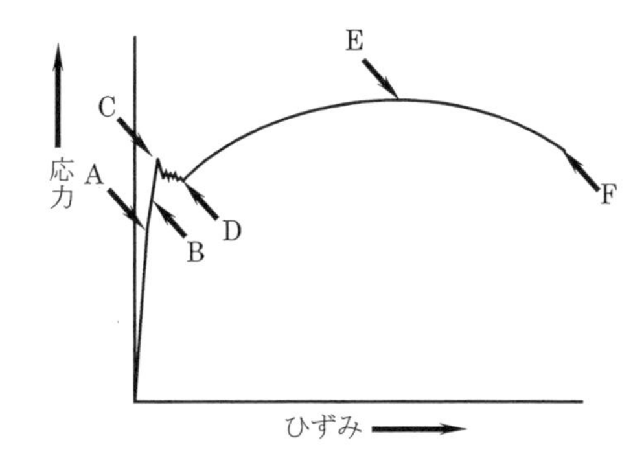

9　下図に示すはりの中央部A点に生じる曲げモーメント(M)は、M＝Pℓ/2である。

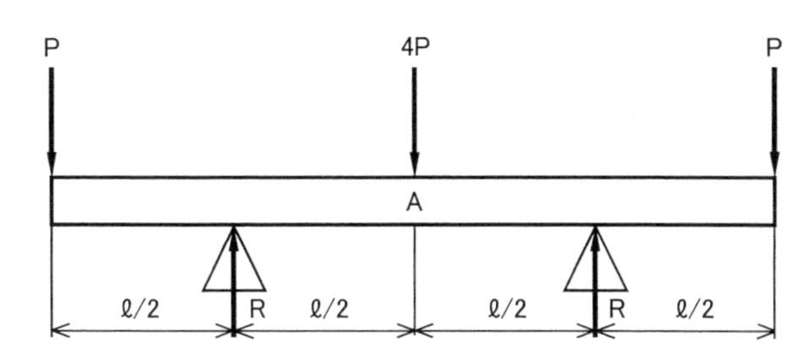

[A群(真偽法)]

10 次の図A及び図Bに示す断面を持つはりにおいて、X－X軸に関する断面二次モーメントは、図Aのほうが図Bよりも大きい。

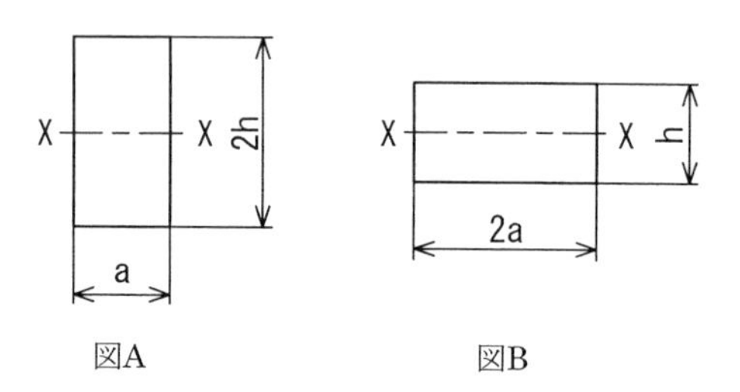

図A　図B

11 半径と板厚の等しい薄肉円筒と薄肉球かくにおいて、球かくのほうが円筒に比べ2倍の内圧に耐えられる。

12 材料力学における熱応力とは、温度変化により生じた物体の伸縮が、外部的な拘束によって妨げられて生じる応力のことである。

13 ティグ(TIG)溶接に使用する不活性ガスの一般的なものには、アルゴンガスがある。

14 下図のように外径Dと質量Mが等しい2つの円板（図Aと図B)において、慣性モーメントが大きいのは図Bのほうである。

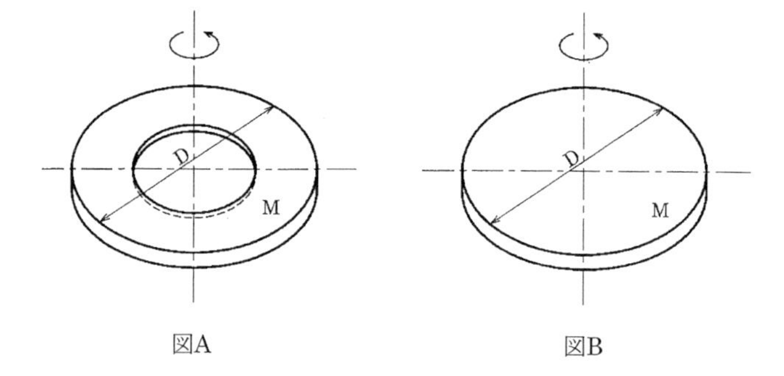

図A　図B

15 重力加速度を9.8m/s²とし、空気の抵抗は無視できるとき、物体を真上に初速度19.6m/sで投げてから再び物体が投げた位置まで落ちてくるのに要する時間は、2秒である。

16 レイノルズ数は、流体の動粘度に反比例する。

17 同じ材質でも質量が大きいと比熱は小さくなる。

[A群(真偽法)]

18　三相誘導電動機の f [Hz]を周波数、P を極数とすると、同期速度 N [min^{-1}]は極数 P に反比例する。

19　電気めっきは、電流の磁気作用を応用したものである。

20　炭素鋼は、ステンレス鋼よりも腐食しやすい。

21　ねじの種類を表す記号Rcは、管用テーパねじのテーパめねじの記号である。

22　下図のテーパ比は、1／10である。

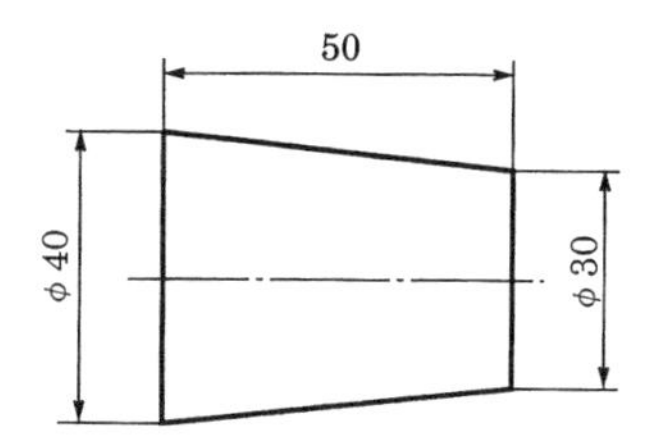

23　透明な材料で作られる対象物の図形は、すべて透明なものとして描く。

24　日本工業規格(JIS)によれば、ハイポイドギヤ対とは、食い違い軸間でかみ合う円すい、又はほぼ円すい形状の二つの歯車からなる歯車対をいう。

25　伝動用ローラチェーンにおいて、オフセットリンクは、チェーン全体のリンク数が偶数となる場合のチェーンの接合に用いられる。

[B群(多肢択一法)]

1　外はすば歯車の主投影図を軸に直角な方向から見た断面図とした場合、歯すじ方向を示す方法として、正しいものはどれか。

イ　紙面の向こう側の歯すじ方向を3本の細い実線で表す。

ロ　紙面の向こう側の歯すじ方向を3本の細い破線で表す。

ハ　紙面の手前側の歯すじ方向を3本の細い二点鎖線で表す。

ニ　紙面の手前側の歯すじ方向を3本の細い一点鎖線で表す。

2　穴と軸のはめあいにおいて、中間ばめになるものはどれか。

イ　φ50H7/h6

ロ　φ60M7/h6

ハ　φ80F7/h6

ニ　φ100S7/h6

3　幾何公差の真円度公差の図示方法として、正しいものはどれか。

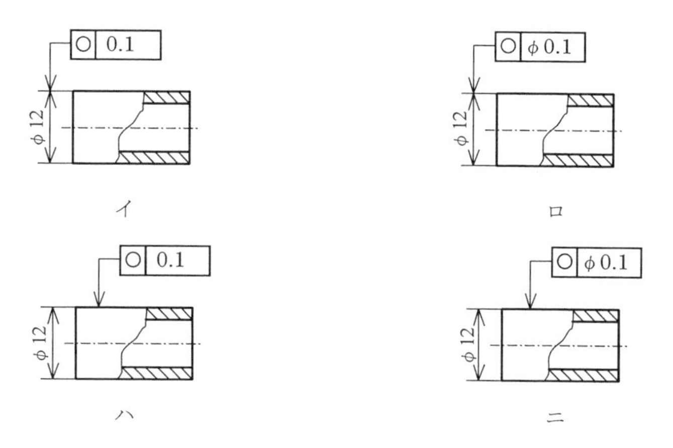

4　長円の穴の表し方として、誤っているものはどれか。

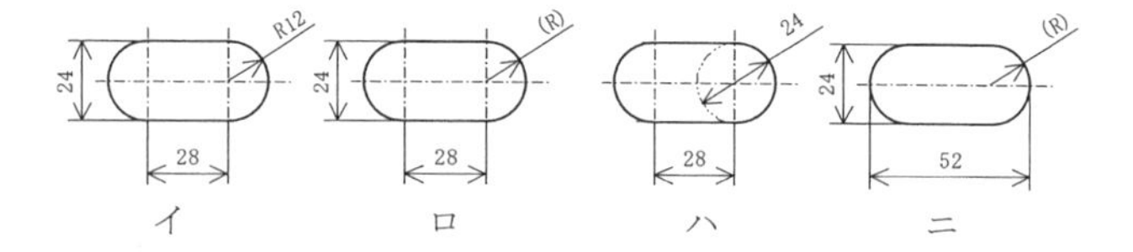

5　図面に用いる細い一点鎖線に関する記述のうち、誤っているものはどれか。

イ　図形の中心を表すのに用いる。

ロ　特に位置決定のよりどころであることを明示するのに用いる。

ハ　加工前又は加工後の形状を表すのに用いる。

ニ　中心が移動する中心軌跡を表すのに用いる。

［B群(多肢択一法)］

6　円柱状の部品に、下図のように幾何公差が指示されているときの実効寸法として、正しいものはどれか。

イ　ϕ19.75
ロ　ϕ19.80
ハ　ϕ20.20
ニ　ϕ20.25

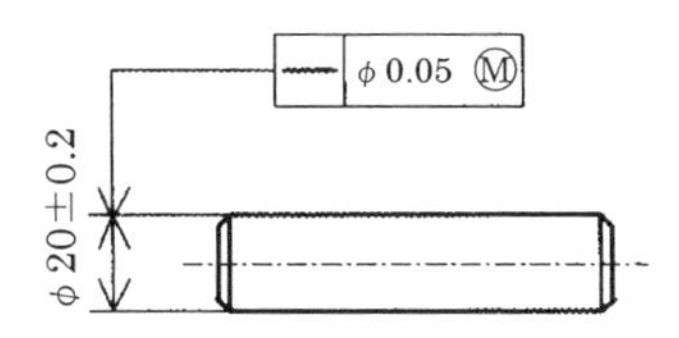

7　次の幾何公差のうち、単独形体でないものはどれか。

イ　平面度
ロ　傾斜度
ハ　円筒度
ニ　真円度

8　回転図示断面図の表し方として、正しいものはどれか。

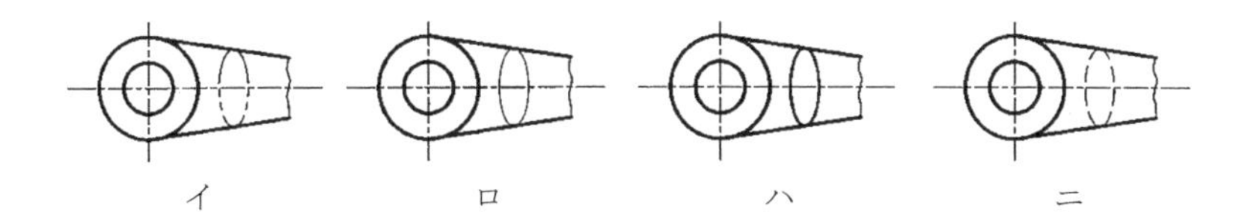

9　日本工業規格(JIS)に規定されている、キー及びキー溝のうち、平行キー用キー溝「普通形」の幅(伝達力を受ける面間)の許容差として、正しいものはどれか。

イ　軸側H9、穴側D10
ロ　軸側N9、穴側JS9
ハ　軸側P9、穴側P9
ニ　軸側H9、穴側JS9

10　日本工業規格(JIS)において、運動用Oリングの種類を表す記号はどれか。

イ　P
ロ　G
ハ　V
ニ　S

11　歯車に関する記述として、誤っているものはどれか。

イ　ウォームギヤ対は、平行軸に用いる。
ロ　はすば歯車対は、平行軸に用いる。
ハ　すぐばかさ歯車対は、交差軸に用いる。
ニ　まがりばかさ歯車対は、交差軸に用いる。

[B群(多肢択一法)]

12　鋼製止めねじの硬さ区分22Hに関する記述として、正しいものはどれか。

イ　引張強さが220N/mm²以上を示す。

ロ　呼び保証荷重応力が220N/mm²以上を示す。

ハ　硬さが22 HRB以上を示す。

ニ　硬さが220 HV以上を示す。

13　Tr50×21(P7)LH－6eと表記されたねじの意味として、正しいものはどれか。

イ　左3条メートル台形ねじ、呼び径50mm、リード7mm、ピッチ21mm、おねじの等級が6e

ロ　左3条メートル台形ねじ、呼び径50mm、リード21mm、ピッチ7mm、めねじの等級が6e

ハ　左3条メートル台形ねじ、呼び径50mm、リード21mm、ピッチ7mm、おねじの等級が6e

ニ　左3条メートル台形ねじ、呼び径50mm、リード7mm、ピッチ21mm、めねじの等級が6e

14　流体継手に関する記述として、誤っているものはどれか。

イ　入力軸と出力軸は同一軸上にある。

ロ　入力回転数と出力回転数は常に等しい。

ハ　入力トルクと出力トルクは原理的には等しい。

ニ　液体として、主に、鉱物油が用いられる。

15　電気機械器具の電気絶縁システムにおける耐熱クラス(℃)と指定文字の組合せとして、正しいものはどれか。

イ　A(105℃)、B(120℃)、E(130℃)、F(155℃)及びH(180℃)

ロ　A(105℃)、E(120℃)、B(130℃)、F(155℃)及びH(180℃)

ハ　H(105℃)、F(120℃)、E(130℃)、B(155℃)及びA(180℃)

ニ　H(105℃)、F(120℃)、B(130℃)、E(155℃)及びA(180℃)

16　板金の打抜き加工に関する記述として、正しいものはどれか。

イ　ポンチとダイスのすきまは、一般に、板厚が厚いほど小さくする必要がある。

ロ　ポンチとダイスのすきまは、一般に、板厚が厚いほど大きくする必要がある。

ハ　ポンチとダイスのすきまは、一般に、板厚の厚さには無関係である。

ニ　ポンチとダイスのすきまは、一般に、破断面の部分をなくすため0(ゼロ)とするのがよい。

[B群(多肢択一法)]

17　次の工具のうち、けがき作業に用いないものはどれか。

　イ　スケール
　ロ　ハイトゲージ
　ハ　けがき針
　ニ　三針

18　日本工業規格(JIS)に規定されている機械加工における切削の加工方法、加工方法記号及び参考英語の組合せとして、誤っているものはどれか。

	加工方法	記号	参考英語
イ	旋削	L	Turning (Lathe Turning)
ロ	穴あけ(きりもみ)	D	Drilling
ハ	中ぐり	B	Boring
ニ	フライス削り	FR	Fraise

19　次のゲージのうち、限界ゲージでないものはどれか。

　イ　プラグゲージ
　ロ　リングゲージ
　ハ　ブロックゲージ
　ニ　はさみゲージ

20　4サイクルエンジンにおいて、吸入・圧縮・燃焼・排気の1サイクルでクランクシャフトが回転する回数として、正しいものはどれか。

　イ　1回転
　ロ　2回転
　ハ　3回転
　ニ　4回転

21　文中の(　　)内に当てはまる語句として、適切なものはどれか。

日本工業規格(JIS)によれば、据置ニッケル･カドミウムアルカリ蓄電池は、正極にニッケル酸化物、負極にカドミウム、電解液に(　　)などの水溶液を用いた構造と規定されている。

　イ　鉛
　ロ　水酸化カリウム
　ハ　亜鉛
　ニ　銅

22　電子回路で使用する素子には、線形素子と非線形素子とがあるが、非線形素子同士を組合わせたものはどれか。

　イ　抵抗、トランジスタ
　ロ　トランジスタ、コンデンサ
　ハ　コイル、ダイオード
　ニ　ダイオード、トランジスタ

[B群(多肢択一法)]

23　日本工業規格(JIS)で定めているCAMの定義として、正しいものはどれか。

イ　製品の形状、その他の属性データからなるモデルを、コンピュータの内部に作成し解析・処理することによって進める設計。

ロ　コンピュータの内部に表現されたモデルに基づいて、生産に必要な各種情報を生成すること及びそれに基づいて進める生産の形式。

ハ　CADの過程でコンピュータ内部に作成されたモデルを利用して、各種シミュレーション、技術解析など工学的な検討を行うこと。

ニ　製品企画から設計、製造、販売、保守までの生産に関するあらゆる活動を、コンピュータ技術を使用することによって一つのシステムに統合しようとする考え方。

24　日本工業規格(JIS)によれば、CAD用ソフトウェアに関する記述として、誤っているものはどれか。

イ　ソリッドモデルは、三次元形状を、その形状の占める空間があいまいでなく規定されるように表現した形状モデルである。

ロ　サーフェスモデルは、三次元形状を面分によって表現した形状モデルである。

ハ　ワイヤーフレームモデルは、三次元形状を線分と面分によって表現した形状モデルである。

ニ　$2\frac{1}{2}$ 次元モデルは、掃引(そういん)によって三次元形状を表現した形状モデルのことである。

25　次の「VDT作業における労働衛生管理のためのガイドラインについて」に関する記述として、誤っているものはどれか。

イ　ディスプレイについては、必要に応じ有効な措置を講じ、グレアの防止を図ること。

ロ　ディスプレイとおおむね40cm以上の視距離が確保できるようにすること。

ハ　書類上及びキーボード上の照度は300ルクス以上とすること。

ニ　ディスプレイ画面上における照度は500ルクス以上とすること。

機械・プラント製図

正解表

令和２年度 技能検定
機械・プラント製図
(機械製図手書き作業)
(機械製図 CAD 作業)
実技試験　解答例

1. 注意事項

(1) 次に示した図面は、実技試験の解答例です。解答例と異なる箇所があっても、正解として取り扱う場合があります。

(2) 解答例は、1 級の場合、A1 版を A3 版に、2 級の場合は、A2 版を A3 版にそれぞれ縮小して例示してあります。

(3) 解答例についての質問、問い合せには一切回答いたしません。

解答例は本書巻末に掲載しています。

令和2年度　2級　学科試験正解表
機械・プラント製図（機械製図手書き作業、機械製図 CAD 作業）

真偽法

番号	1	2	3	4	5
正解	X	○	X	○	X

番号	6	7	8	9	10
正解	○	○	X	○	X

番号	11	12	13	14	15
正解	○	X	X	○	X

番号	16	17	18	19	20
正解	○	○	X	X	○

番号	21	22	23	24	25
正解	○	X	○	X	X

択一法

番号	1	2	3	4	5
正解	ハ	イ	ニ	イ	ロ

番号	6	7	8	9	10
正解	イ	ニ	ハ	イ	ニ

番号	11	12	13	14	15
正解	ニ	ロ	ハ	ロ	ニ

番号	16	17	18	19	20
正解	ロ	ニ	ロ	ハ	ハ

番号	21	22	23	24	25
正解	ハ	ハ	イ	ロ	ハ

令和元年度　2級　学科試験正解表
機械・プラント製図（機械製図手書き作業、機械製図 CAD 作業）

真偽法

番号	1	2	3	4	5
正解	X	○	○	X	X

番号	6	7	8	9	10
正解	X	X	○	X	○

番号	11	12	13	14	15
正解	X	X	○	○	X

番号	16	17	18	19	20
正解	○	○	○	○	X

番号	21	22	23	24	25
正解	X	○	X	○	○

択一法

番号	1	2	3	4	5
正解	ニ	ロ	イ	ニ	ハ

番号	6	7	8	9	10
正解	ニ	ニ	ロ	イ	イ

番号	11	12	13	14	15
正解	ハ	ニ	イ	ニ	ハ

番号	16	17	18	19	20
正解	イ	イ	イ	ハ	イ

番号	21	22	23	24	25
正解	ロ	ロ	イ	ニ	ニ

平成30年度　2級　学科試験正解表
機械・プラント製図（機械製図手書き作業、機械製図CAD作業）

真偽法

番号	1	2	3	4	5
正解	○	×	×	○	○

番号	6	7	8	9	10
正解	×	×	×	○	○

番号	11	12	13	14	15
正解	○	×	○	×	○

番号	16	17	18	19	20
正解	○	×	×	×	○

番号	21	22	23	24	25
正解	○	×	○	×	○

択一法

番号	1	2	3	4	5
正解	ニ	ニ	イ	ロ	ロ

番号	6	7	8	9	10
正解	イ	イ	ニ	ニ	ニ

番号	11	12	13	14	15
正解	ロ	ハ	ハ	ニ	ハ

番号	16	17	18	19	20
正解	ニ	イ	ハ	ロ	ニ

番号	21	22	23	24	25
正解	ニ	ハ	ロ	ロ	イ

令和２年度　１級　学科試験正解表
機械・プラント製図（機械製図手書き作業、機械製図 CAD 作業）

真偽法

番号	1	2	3	4	5
正解	○	○	X	X	○

番号	6	7	8	9	10
正解	X	○	○	X	○

番号	11	12	13	14	15
正解	X	○	○	X	○

番号	16	17	18	19	20
正解	X	○	X	X	○

番号	21	22	23	24	25
正解	X	X	○	X	○

択一法

番号	1	2	3	4	5
正解	ロ	ハ	イ	イ	ニ

番号	6	7	8	9	10
正解	ニ	ロ	イ	イ	ハ

番号	11	12	13	14	15
正解	ニ	ロ	ニ	ニ	イ

番号	16	17	18	19	20
正解	ロ	ハ	イ	ニ	ロ

番号	21	22	23	24	25
正解	ハ	イ	ハ	ハ	ニ

令和元年度　１級　学科試験正解表
機械・プラント製図（機械製図手書き作業、機械製図 CAD 作業）

真偽法

番号	1	2	3	4	5
正解	○	○	○	○	X

番号	6	7	8	9	10
正解	X	X	X	○	X

番号	11	12	13	14	15
正解	○	X	○	X	X

番号	16	17	18	19	20
正解	○	○	X	X	○

番号	21	22	23	24	25
正解	○	X	○	X	○

択一法

番号	1	2	3	4	5
正解	ハ	イ	ハ	ロ	ニ

番号	6	7	8	9	10
正解	ロ	ロ	ハ	イ	ハ

番号	11	12	13	14	15
正解	ハ	ニ	ロ	ハ	ニ

番号	16	17	18	19	20
正解	ニ	イ	イ	ハ	ハ

番号	21	22	23	24	25
正解	ハ	ロ	ロ	ロ	ニ

平成 30 年度　1 級　学科試験正解表
機械・プラント製図（機械製図手書き作業、機械製図 CAD 作業）

真偽法

番号	1	2	3	4	5
正解	○	X	X	X	○

番号	6	7	8	9	10
正解	X	○	X	○	○

番号	11	12	13	14	15
正解	○	○	○	X	X

番号	16	17	18	19	20
正解	○	X	○	X	○

番号	21	22	23	24	25
正解	○	X	X	○	X

択一法

番号	1	2	3	4	5
正解	ハ	ロ	ハ	イ	ハ

番号	6	7	8	9	10
正解	ニ	ロ	ロ	ロ	イ

番号	11	12	13	14	15
正解	イ	ニ	ハ	ロ	ロ

番号	16	17	18	19	20
正解	ロ	ニ	ニ	ハ	ロ

番号	21	22	23	24	25
正解	ロ	ニ	ロ	ハ	ニ

・本書掲載の試験問題及び解答の内容についてのお問い合わせ等には、一切応じられませんのでご了承ください。
・試験問題について、都合により一部、編集しているものがあります。

平成30・令和元・2年度
1・2級 技能検定　試験問題集　80　機械・プラント製図

令和3年8月　初版発行

監　修　中央職業能力開発協会
発　行　一般社団法人 雇用問題研究会
〒103-0002　東京都中央区日本橋馬喰町1-14-5 日本橋Kビル2階
TEL　03-5651-7071（代）　FAX　03-5651-7077
URL　http://www.koyoerc.or.jp
印　刷　株式会社ワイズ
223080

ISBN978-4-87563-679-3 C3000